Steghjul – Oron också

Hans-Olov Boström

Steghjul – Oron också

Poesi

© Hans-Olov Boström 2021

Förlag: BoD – Books on Demand, Stockholm, Sverige

Tryck: BoD – Books on Demand, Norderstedt, Tyskland

ISBN: 978-91-8027-365-7

Hans-Olov Boström, 72 år, från Gävle.
Född till världen vid ett
sommarsolståndet högsta punkt
en resa för något igenkännande när likt en
inre oro, en dyslexi, nån osynlig rädsla
– det att bemästra en
koncentrationssvårighet eller kanske
sådana gånger
gick in vid sig själv gjorde naturen till
sitt eget språk, som att hitta vägar
till att vara varelse till att vara människa
och egentligen var de konsten som blev
mitt ledmotiv

– orden fick vänta ...

Tycker poesin har en ton som passar in på
mitt liv, som bilder, en rörlighet i både
till verklighet och kunna fly in i någon fantasi

BESKED

Grundvärdering, passmönster efter egna behov
rekognosera en passage ur vakuumet
våra anteckningar bakom hjärnridån, en sin roll
i världsformat, skulle kanske åstadkomma den
beskaffenhet vi saknat
antagligen nånting alldeles intill veka livet
alternativt nån blindgångare till att bli införlivad
det där förnuftet kring
det kaotiska förvirrande, det
förlorade språket och sorgen blir ens egendom
allting som omintetgör, bara en
resehistorik av reflexytor, en innehavare av likt
en sjukdomsbild, ett känselspröt där trevat
efter penslar skisskladd och nån Anatomi, några
tysta skärvor ur meningslöst förkunnande,
sådana sammanträffanden seriekopplat genom
ett besked, en besinning, en eldröd mun man
hade velat få, kyssa
och att där de förorsakade reporna när får bestå

TIDSENLIGA IAKTTAGELSER

Att nånting händer vid mentala fjärrkontrollen
tangenter åt vackra uttrycksmedel
som hjärnimpulser gånger blir genomsynligt
för ett annat språk att
behövdes inga ord, mer som infogandet utav
ett gryningsackord, ett tidsenligt koncentrat
allt som väcktes ur där sov i
fosterställning och alarmklockor eller så som
doften av en vind när stryker vattenytan
några pedagogiska markörer likt ett likasinne
ett andligt kraftcentra,
formeln som förvandlar djupet uti människor
alternativt så som havet fick ett lynnigt sätt
att varför skulle annars
himmelsk rumsvidd
så där gudomligt brant sådana kvällar i blått
lavendel och vi sträcker oss som efter himlen

GLOBALT FRAMSTRÄCKT

Meningen, att bara ingen som helst aning
enkelbiljettens obeständighet, en vind
när lika instabil som ett adresslöst barn
eller en dag då vi gick ut i regnet,
stormarna vi faller genom och att nånting
konkret vid hjärtat, utåtriktad och
så där ärligt men kanske den där ängslan
för att inte skulle hinna
nånting som varskodde oss och
att inte så där rädd att skenar, ohejdbart

GENERERAR VARIATION

Vakenhetens sinnesnärvaro, nattens svarthet
och alla lysande dioder nästan slocknat
inga vackra sagor om den i fråntagna sömnen
hur mer likt av något riktat fokus
där rymdes beteenden, en lång vandring
genom nån förlöst energi
tiden de tog för de förbrukade formatet kring
en etisk fråga, något ofrivilligt underliggande
så som slags resultat av en stunds
Inneboende bekräftelse, ett förtydligande för
sådana situationer att kunde hamna uti
slags accepterande fosterrörelse och när inte
viker undan för livet, bara
det som en resa från en punkt till en annan
eller hur ett samtal kunde ha upphört och när
ingen vet vart dom tog vägen, det livslånga
negativet likt utav ett
schackdrag för både skuggspel och solfläckar

VEM RÅR PÅ

Attraheras dragningskraft, resan där slukade en
illusion, den dolda otillgängligheten,
att en stund
vid egna herraväldet, bli angripen av nån tystnad
hjärtat när skriker efter det oersättliga syret
kanske en förljugen kompetens
en ockupation av empatin,
något bortanför saknaden
varför någon slet sönder det mänskliga alfabetet
bokstav efter bokstav, sådana detaljer till
dom där frågeställningarna för bemötanden, en
beröring som ett livsackord alternativt de gånger
när inte ens liv och bara dom livlösa
fågelvingarna, bara de ansvariga för innehållet av
och inte ens de avskyvärda krigen, där dessa
nyheternas näringskälla distribueras konsumeras

DEOLOGI URVAL VÄRDEGRUND

Som att överlista koder, det av några
nödvändiga begrepp, aktiv
substans, att det efter att mörkrens
doft och
kanske innan faller sönder i vind
eller bara hur något närmat sig
ville kyssa jorden och när som ett helt
annat språk, att mer som
gånger där ljus tränger fram mellan
de resliga lärkträden, ljudet av
ett källflöde, hur de sista rösterna
från tavernor, några skimrande bröst
så som där moln
tränger fram likt hungrande flockdjur

INPLANTAGE

Ingenting på måfå, kanske nån återspegling av
hur vi drogs mot varandras kroppsspråk
att inget liv utan nervtrådar för glädjen och
smärta, ungefär där samlat på
tidpunkter av någon större undran för hur långt
de första rösterna färdats från sin
allra första början till ett i nu eller det som att
göra intrång vid någons känsla, att få känna
en kropp i en annan kropp, en
grundplåt ur en annan grundplåt av välsignat
tillstånd och att kanske inträffar vi igen
himlen vi speglat genom tankarnas skärvor och
de ifrågasatta meningarna när likt tystnar
hur sträckte sig genom likt en längtanskraft
en bräcklighet för en stunds infångat undflyende

LIVTAG

Autentiskt väsen, kanske något hur
kunde bli jämförbart vid nån
vokabulär notering, att
ett in skriftat sida efter sida med
där likt tränger fram genom ett
mörkerrum, ett typ
sina kontrastvätskor till existentiell
verklighet, att när det som till
i någon större tankevärlden kunde
ha rusat genom och hur liten en
människa kunde bli

mot sådana horisonter ...

TID AV KÄNSEL

Att bara nånting men vet inte exakt och typ
aldrig riktigt förstått eftersom att
jag aldrig varit anpassningsbar, att mer
ett försök till att tänja på gränser, slags
sårbart språk, det otillräckliga i att
bli innesluten av sig själv
men kunde
ha häpnat över bländande kalkbranter när
vetter ut mot havet eller hur
blommorna och vingslagen i djuprummet
– annars inget, bara som varje
vågspegling flyter förbi allt medan det
invändiga ungefär som när bygger insidor
åt de slutna galleriet alternativt gånger när
var liten typ höll uti en emaljerad
mugg full utav blåbär
och när som ett våldsamt skrik av Tystnad

ÅTERBÖRDA

Som att jag var en röst
ett liv
och om det
komprimeras till likt ett fallande lövets
färd genom luft och när
tog mark
var som om jag kände
igen en doft ifrån förut

EPITET

Ett bredvid, nästan inpå
som ambition, citat
och utdrag ur
belägg till att minimera
avstånd, de
ifrågasatt illusion som
en klunk vin när
sväljer, säger ingenting
bara typ låter
rummet, fönsterluckorna

DET KRÖKTA RUMMET

Tilldragelse ett rubrikernas stoft
det när låter djupet bli synligt
som fönster lyser naket, några
tysta tankar inuti varann
ett tidens rikoschetter, hur det
ofattbara, nånting till att
kompromissa, att det av samma
strävan där rötters
tänkande, ljusens absorberande
tids uret där cirkeländarna möts
hur sista löven när
i fritt fall så som sinnesrörelser
tryggheten till någon livskamrat
– kvällsgardinen när blir full
utav stjärnor
och barnet när somnat i en saga

RUNDGÅNGEN

En huvudlinje en undrens källa för fruktsamhet
och grödan ett motiv ur så som när marken
fick känning, en uppdatering,
själva känslominnet att som en jorddoft vid
våra klocksiffror genom de
tidsenliga glasmontrarna, en
varje utplacering för allting likt av nån spontan
bedömning när ingår i mängden, nånting att
sätta på spel för en varje utmaning, slags
dragningskrafter vi utsätts för kring lockelser
en vilja till att bemästra känslor eller rent utav
kanske prova på det
rymder av nån illusionistisk substans
ett ödets lotteri, alternativt en vacker dansös
när uti en svävande ställning
nåt ögonblick till att givas och till att berövas
hur alla dessa som vistas vid
stunder för en själens tråd blir trädd genom
tidlöshet eller som det likt en större röst vi
väntat på i tusentals år alternativt bara så som
hur det ibland när en tystnad blir, Oslagbar

STÖPTA UTI TIDSGLASET

Att ur kontrastvätskornas
fördjupande
något åtagande medan
i utformning
av
rummet, typ
sätter ihop förehavande
vid annan klockrymd
om andra begrepp, det
som att bli vid
närvarande, hur kunde
haft sin grund i
sig själv
den av egenskap att
existera, inträdet på scen
och när
livsbejakande komponent

DISTANSERAT

En förlöst energi, några genomgripande exemplar
att sortera efter svårighetsgrad, slags unika
prövotillstånd, avgörande förmodifierbara alster
ett berusningsmedel,
anspråk och förnekelser, ifrågasättanden som vi
aldrig behövde, kanske en felkod
genom livmodern, hittade en minnesbild ur
när ännu inte skadat av ängsla, sådana gånger att
kunde frysa av en blottad verklighet, det
föränderliga mot det förunderliga skulpterandet
som tog sig in vid där känner smärta eller nån
glädje alternativt gånger en saknad, ett avstånd
till likt en ljusstängel från hjärta till hjärta
kunde ha legat uti träda eller ett nytt radavstånd
ett klockslag där tidvattnet vänder
vilka vi väljer bort av alla garantilösa tillbehör, fick
kanske återse där allting återvänder, ett fägrings
ögonblicket vidlyftigt naket som en trolldom, ett
penseldrag som när en fågel flyger in i skymning
men ingenting om
vad ett barn skulle veta i den stridande puberteten

DEN OPÅVERKBARA SLUMPEN

Kontra ursprungsplats, alternativ näringskälla
ingick vid mänskligt sökande, ett sitt
etagefönster när i inramning utav den
genomskinliga luften, ett undrens rymd, att en
uppöppnad stumhet mot den pågående tiden
det exakta mot det näst intill obefintliga
en påbörjad ton, att ett montagets färgklick för
ett glädjeämne då växer fram ur jorden
som när en blomma sträcker sig efter himlen
och kanske är det så dom oftast uppstår vid de
oplanerat styrda penseldragen
exponeringen av en naken strävan, orsaker till
varför man gör som man gör
och vem har sagt att vi skulle vara exemplariska

REFLEKTOR

Bemärkelsen bara ett in skriftat datum och
att ingen som ärvde odödligheten, kanske
bara ett ögonblicksverk
de förlösta direktiven, aktiveringskod till
det lite mystiska, en massa varningstexter
gånger då uppfattar sitt väsen och att
en genomströmning de neurala
kopplingssystemet eller nån felkonstruerad
fråga, att en mänsklig
värdemätare, det som blev begåvad med
emotionellt fäste, ungefär upprättandet av
förbindelselänk
sensorers känslighet
nyckelvredet till att realisera sinnen
en naturlig verkningsgrad för ett lösenord
slags förenliga aminosyror så som gåtor
fortplantas, att bli träffad av det
metafysiska förankringen ett riktmärke för
den möjligas gräns,
fick ansvaret för varje gång vi förnyar, nuet

REGNGLAS

Grundämne och tids nog förvandling
att det inte är vad du ser
utan ur djupet när i kraft av längre in
och till något större värde
– att så som att älska är en
längtan och att i morgon lever vi igen

STILLHET

Att, vem var du som
sökte ur
en tystnad, var så
fin när ler
att överväldigande
omfamnas
och att hur ansiktet
när så

klart naket, att så
underbart klart naket

GENETISKT BETINGAT

I desperation, bli angripen av universums stora
rum, varelsen uti den förvrängda spegelbilden
journaler fulla med konsekvenser, en
infrastruktur där vart träffad utav de osannolika
typ ratta in våglängder för att kunna känna
andras känslor, de
där reglagen för låsmekanism till oförutsägbara
gener, den stora undran, skepticismen
mot vetenskapen,
som ett koncept med den plötsliga upplystheten
sådana dagar havet kunde sjunga för oss och
stenarna var sommarheta eller den där eskorten
födelseögonblicket när avskuren från naveldjupet
och det överlämnade självansvaret
nånstans varifrån bara döden hittar tillbaka men
jag såg ett svanpar sida vid sida när, oskiljaktiga

HUR RUMMET FORTPLANTAS

Det varifrån som ett nyckelord för tankarnas
beröring, att förnimma avstånd, realisera
en avbild, några lagrade synintryck när i
tyngdpunkt, tidsskärpa och kanske resultat
av gåtfulla horisonter
så som vi är mängd materia, existentiella
egenskaper och så som stiger
genom soldis ingefära och rosmarin eller de
gånger löv och långa statyskuggor
ett tidens spår när reduceras manuskript
typ ihopsamlande utav
utspridda alfabetiska djupskalor, den nakna
redogörelsen, ett kemikaliskt konstverk
och att de ibland som när fäster fotografiskt

KONSTNÄREN

Figurativt tänkande någon utvald dragningskraft
ett ur sitt råglas, Aktrisen i rummet, hur ett
spegelindex av en pupillens gåtfullhet,
den osynliga gravyr nålen, en solmynning kring
gjutarnas händer också kärleken, nånting om
den vindpollinerade konfrontationen när
som att kontamineras vid känslor
manöverrummet varifrån lokalisera fruktämnena
en kombination av syror alternativt
slumprelaterat eller bara gånger när lustens ide
ett förbindelsens kretslopp, en ideologi
mottot livet
agera medan tid är, meningsfullheten, allting
utan börja och utan slut,
några olovandes skisser åt urklippta schabloner
den av betydelse eftertraktad som vid nån kemi
den upphittade fukten som tar sig in och likt
överlistar det mesta och hur de där
med blottorna till de sårbara, försvarsmurarna

RUMSKRÄNGNINGAR

En personlig tanke några outtröttliga funktioner
det särskilda till att införlivas vid en uppspelad
scen för levnadsvillkor
en Tidsstämpel utan tid
några vågfrekvenser där letat efter nån känning
utloppet varifrån varit instängd, ett varje
nytt motiv för sitt samlarobjekt, mäta och likt
jämföra med, en egenvård, en behållning som
när full utav placeboeffekter,
en stickkontakt till Akterna
en biologisk redovisning, en hänförelsens olika
bedömningsgrad att kanske idioti alldeles intill
intellektet, en sekretess, ett vågskvalp utav
någon mänsklig ebb och flod, ett naket tilltal
själva höljet vi kommunicerar genom
ett essensens höjdpunkt, en hopblandad brygd
för både djävulskt som för gudomligt, alternativ
det när som ett perfekt
kamouflage när både för svärtan som för ljusen
fick hålla kvar uti den där Magiska eftersmaken

EN ANNAN ENERGI

Om några adressater av nervbanor, hur en
förbi hastad existens, den givna utmaning
som till ett djupare medvetande,
nån konstellation substantiella övergångar
utsikten varifrån alla frågeställningar
allting som tickar fram hela tiden, vem uti
det stora manöverrummet som håller
vid det där styrrodret, hur det där mörkret
när klär det med dagsljus,
realisera den skjutna pilen
när far genom luftrummet, kanske hur blev
begåvad det otillräckliga språket
hur det vackra solljuset när svävat genom
en fläderblommans tid, eller
som ibland när likt vill dra ur kontakten till
rubrikerna med de oupphörliga nödropen
som ett gevärsskott
ekat mellan bergväggarna, bara för att den
vackra örnen med den skarpa synen skulle
falla till någons stolta Trofé en skyltdocka
och så som en sista tanke uti
en grumlig bild när blir oändligt, förlorad

ETABLERA

En gängse tidsuppfattning, en tilldragelse
för de livskraftiga av
testamenterade viljor
entrén och sceningången med tystnadens
ordväxling, den evinnerliga
genomströmningen innan fylldes på med
röster, en passage en uppsamlingsplats
för ett snabbskott uti livets bildfrekvens
den mänskliga färdskrivare där ingenting
blir utstakad för än mer som till en
konfiguration när i samma ingivelse som
till en bruten försegling
en relevant procedur, det nakna arket
den extrema sammansättning av
alternativt vad ingen visste om ingenting
kanske tårar för stunds tappat omdöme
en bekräftelse på då naturen talat till dig
allt medan några enstaka strö fåglar
sådant att administreras ut till bräckliga
tillstånd och gånger hela lufthavet uti en
doft av dagg, en doft vi känner igen
och känner igen uti det stora väntrummet

TILLFARTSVÄGAR

En sorts emulsion en kemi av psykometriska
föreningar, en plats på Arenan, sina
komplexa variationer när en tid för upplåsta
scenerier, det till människa till människa
som att bli själs förmögen, om några
tillfällen till att gripa i flykt, en uppsättning
signalämnen, det kluvna tänkandet
hur det plötsliga i att bli berättigad
till att ställa frågor eller låta sig ingå vid nån
förvandling, typ hänvisa till ett sitt ursprung
och varifrån några driftstyrda beteenden
nån anfader för den ovillkorliga materia som
ett syreintag där fick inhalera av omedelbart
de som gick före oss och planterade ut de
livfulla fröna och kanske den
oundvikliga lindblomman
alla dessa gånger där som i en födelseattest
en datum markering över sådant att aldrig
hade blivit lovat någonting, bara en gryning
och hur de successivt framträdande bländvita
fregatter innan stilleståndens ålderdom
och som att det fanns likt inga skäl till längre

MOLNFLOD

Typ en ingress, det inramat av
besjälad kroppstyngd
spegelväggar och sprött ackord
genom gryningsgräs
hänger ihop vid fostergrodd
en händelseyta och i
den mening att behövdes inget
manus, bara djupet i sin
bekräftelse, en
framväxande grogrund som ett
sammanfogat beteende också
hur lekte inuti gränslandet
uti mån vatten, uti mån vatten

TRANSCENDENS

Det när en arkitektonisk tanke
verk utav kroppsspråk, slags
monolog, innehåll av två
instinkter, text till
associationer hur det som en
vision kring provocerandet vid
nån tid
en energi när i fokus, det som
utgör med sina
speciella beröringspunkter
och när öppnar sig skulpturlikt

OMFAMNAR

Att varifrån fick knyta det till sig
inbjudas som till ängsklockans
ögon, den yttersta längtan när
bunden till allt och
likt brinner full utav bekräftelse
det som ett
bindeord till varandras mening
en förlitan på den av morgon till
förtröstan och tillåtelse att
tordas givas åt hänförelse och
inför överväldigande att få vara
som ett barn i amning
hur äger en tro och en dörr mot
den tillhörighet att
få bli en del av när inger till ett
fullt ut och himlen blir till, åter

HANDEN MOT BARKEN

Bevittnad levnad som ett alfabeten mognar
ett universums pussel, sökte efter nåt
utelämnat för själva helheten, det
att våga öppna för en insikt runt omkring
en tyst passage mellan hjärnhalvor
till att underkasta oss
ett oförståndets stora frågor
vara blottad för något sårbart djup utan slut
elden när blossar upp eller stjärnornas läge
ljuset som var vanebildande, att bli
inlockad i sfären en samhörighetens kontakt
för en djupare känning
kanske en själslig avlastning
ansvaret mot nån försoning, alternativt när
förbleks till att när inte längre i urskiljandet
som ett naket nyckelben eller
att bara sitta med ryggen mot ett
ålderdomligt träd, hur tankeverksamheten
uppstannat att befinner sig uti ett ingenting

SINNENAS RÖRELSER

Mental orienteringskod, skulptur till medmänniska
hur de exploaterade syret, kanske en tystnad till
samtalspartner, nånting om tidlösa känningar, ett
sitt nyckelord för rumsperspektivet
som om vi bar på anor
nåt koncentrat för nån märklig resa, ett studium
ett signalement för någon emotionell tillbehörighet
som att kontamineras vid den hektiska rymden
typ öppna upp för dialog, den av ideliga utformning
av inträffande, sådana gånger där
partikelstormen genom laboratorieglaset, ett
grundämne för det upproriska blodet, nån prövotid
till att angöra och förtöja mellan alla sina hållplatser
med den djupa förgrunden genom vidunderliga
vindrutan, en måttenhet för en glödtrådens brinntid
eller gånger det blåa blir full utav breddgrader
nånting ur det aningslösa undermedvetna när som
en höstoktav av nakna nervtrådar och den
neutrala himlen mot de mänskliga irrblossen, något
fåfängans legering såsom spektrumet
när blir lite tillrufsat och slitaget vid läppstiftsranden

EN GÅVA

Att inte med mera
än till den verkliga
rikedomen,
typ gör omvägar
för
vilja till tystnad,
hur fick rymmas en
stund till
-att få vara onåbar

VERKANDE VÄSEN

Ett råämne, intim logistik, att känna vittring
den av grundläggande position till att
lokalisera sammanhanget där märkliga ting
hur fick glänta en stund på
förgänglighet, det fantastiska gryningsljuset
implantatet när som
en ton på väg med obestämd varaktighet, en
konfiguration modifierbara tillstånd, hur vi
skulle ta oss an så som rötter kunde bli
formbara, alternativt där
våra bördor låg och vänta, inga färdiggjorda
inprogrammerat när bara den
ultimata gåtan, en upprinnelse till genom
högspänningstråden, statuera nån
kunskapskälla, en kaotisk predikan, varför
de anmärkningsvärda av mänsklig mixerbord
tidlösa tangenter för en själslig inackordering
en fusion bokstavskombinationer till att tygla
en hunger eller vad vi aldrig visste om
hur gränser korsas, hur katedraler glöder
vad den rättmätige till det som kommer utav
en sådd och skörd genom det sköra timglaset

ALLTING

Manus när ordagrant, det vi skulle befästa
jämvikten mellan illusion och verklighet
själva förvirringen när försökt meddela det
genom det borttappade
som att bara vara varelse
fantasier till ockuperad invändigt, något
inbakat i ingrediens för ett tidens
andedräkt, polcirklarna
och det grönskande
höga kastanjeträden eller så som kärleken
när uti ett annat djup, känsla av oförtrutlit
förbehållet och när uthärdar
en infångad resonans, takfönstret och när
bara Tystnad, svårigheten till att tämja det
egna psykiska spektra, fasader till
söndertrasade strukturer, en tanke utan
styrsystem, hur det måste varit
något stort placerat uti kött och blod och
att ingen obefogad fråga, möjligtvis har vi
aldrig någonsin, bevisligen

TONVIKT

Utifrån skisser, , en starkare känning och
det att dokumentera en instinkt
en själslig skrift, en genomgång via sina
innersta boksidor hur de när formulerad
kring nån exponerad verkan, gånger
den mänskliga touchen och när som en
uppsättning scenerier
de relevanta av ett i an spegling bara för
som en tanke växer,
alternativt bara
för att betingelser när samma så som
uti vindars utbuktande, de i så motto att
vi är rummets volym,
intagandet utav det oförutsedda, att
fanns inga exakta
prognoser bara att först den, vita ytan

MEGAPUNKTEN

En råkopia nånting i oretuscherat skick, att
en grodd i förstadiet, hur det där inrättande
utav en förlossning och liv öppnas
en definition tid, det medärvda uret, några
elementära behov, perspektiv att härleda ur
de alldeles i början till en räcka utav frågor
en koncentration uttrycksmedel
hur stegvisa förfarande via morgnars vinsch
och Ankarspel, en utskänkningsplats
för nånting som gav nerv åt det kontinuerliga
genom almanackor och marginaler
hur de djupa delgivningarna när nersänkt uti
en levnad, det som att föra in dagar och
nätter i dokumentation, en ultimata känning
en uppkoppling scenariot, ett sätt att
kommunicera via öppna och slutna system
en textrad ur förfarandet, det bordlagda, en
förlikning av tankarnas tysta klätterställning
för skoningslösa rymder eller bara hur fick
                stiga fram i
ljuset och kunde ta för sig av komplexiteten

ILLUSTRERAD RIKTNING

Vaket, sakläge och ställer frågor
underton oförutsägbart, de
allt medan gryningsmaskor och
sanslösa bindemedel, något
om flykten via förskjutningslinjer
höstgavlar och
när stod som inför en främling
en tid av sinnlig manöver, slags
medärvda argument när
kontamineras speglar, trossar
vindögat och
dessa obligatoriska rumsnycklar

RUTMÖNSTER

Att ett markens förväntan
kanske hur lyssnat genom
det sköra skalet
den råa daggdoften den
nödvändiga
kampen som
applicerandet när i tysthet
eller bara så som ibland
att när bara
råkade just vid
att hur bara råkade just vid

TYSTA BILDFORMAT

Upprättande av volym, en grundorsak och
hur det vid början som var ofullständigt
till att ett universum blir stort, ett
begynnelsens fosterljud, att då sina första
gryningsskot och utsträckta segel
slags flödesriktning uti de
febrila rummet, processionsgången genom
den blåa aulan och alla
osminkade sanningar, en ingång via det
tidiga oförståndet för en klokhetens
otillräckliga räckvidd, en fördjupad syntax
utan spärrar, en retorikens lek yta
ungefär där gav signaler åt ett
känselsprötets sökande vid villfarelsens
stora längtan, en rädsla som höll uti den
sköra överlevnaden innan likt
blir full utav genklanger till att memorera
stavelser, det verkliga bildformatet där
balansoket för varje benägna risktagande
sådana förskjutningslinjer till gånger
flyttat tänkandet till ett efteråt eller bara
                gånger allting kommer
i dagen för det där etablerade, vansinnet

SOLKLINGAN

Och nu medan sorts tidlöshet något
förutom det spontana uti vindtyget
mer som när textat ner noter
       och målade
molnen, det mestadels oförutsägbart
ett fragment åt tidsangivelse
typ agera mitt uti brännpunkten, ett
språk att härleda till, en komplexitet
när lika djup som svalors lek
uti det konkava glaset, eller som hur
guldljuset flyter genom träden
och en svalkande vind allt medan en
spetsgardins flykt uti fönsterdjupet
att kanske när satt kvar ut mot
kvällsblänket som där fåglarna sover i

det långgrunda rummet

KOAGULERAD BILD

Sin upptakt det gradvisa intellektet en beviljad
respit för en arkitektonisk kalkstomme, det
tillkännagivna nyckelvredet, fukten som
jorden suger åt sig av, något avskalat i
sin nakenhet, alternativt de mänskliga skalven
vilka gånger tordas ignorera en verklighet
en signatur i betydelse av
       något vansinnigt rymdbloss, hur
några årstider som flyter förbi, i hopsamlandet
av sådant när blir full utav incidenter och när
det där tidsavståndet till
då när körsbären blivit så där måleriskt mogna
hur den avsmalnade diagrid när uti fragment
av förkolnade ljus rester, den av naturlig
sönderfördelning innan mörkret till nån hålögd
tystnad, en yttre gräns av bottenlösa motstånd

SPEKTRALLINJER

Kanske det att få besitta magiska touchknappar
mäta en pulsverkan, nånting som
motsvarar diametern på de stora mörkerrummet
att när sådana krafter mot motkrafter, djupet
av där projiceras minneskort, gånger
linnevävarna en stund speglat uti solen det som
en passage via en bildmonitor i slowmotion
åter att relatera förskjutningslinjer
rummet när blir till en gåta
ett sitt känsloregister när likt en fallhöjd kring
nån avgränsad tid, en morgon där blir
daterbar till vingslagna avlagringar när inbäddat
kring miljarder av år och dygn eller hur den stora
kristallkronan uti himmelska taket och så
       .. som ljusfåglar när
dansat som mot väggar uti en, optisk spännvidd

JORDDOFT

Frekvensvåg för inre samtal
den svåra förlikningen med
det som uppstod ur
ingenting
men samtidigt när ljuset så
starkt att
det inte är så svårt att inte
försöka tro på en
källa för en längtan, ett rop
ur en liten fågelmun då när

grönskan slog ut

GRÄNSVÄRDEN

Det att inkludera i omkrets förlöst kännedom
hur den ständiga informationen av så som
vi är i händelse, bruset av syretransportörer
och när det som mousserade himlar
gånger rådimmor när
ligger som gryningars fosterhinnor kvar mot
marken eller sådant att aldrig förtäljdes
bara hur utspelas när blir full av resta hinder
något om det drivande drevet
ett motivets motivering, en betraktares
reaktion när som kritor åt ritade ångestfåglar
typ att öppna upp en
främmande dörr med det kolsvarta blänket
alternativt något om tillfrisknandet
och det som i en sälgpipans vackra ton, tid
och uppväxtåren med de blommande träden

JORDELEMENT

Våra transaktioner när som en procedur
kring någon märklig exponering
en tankes gränszon och att så som när
verifierbart till sitt innersta larm
det när likt transplanteras från andrum
till andrum, en resa
förlagd till via de gånger när sådana där
uppdämda invärtes
tiden av någon syrefattig låga, ett ljus
mot ett mörker, ett mörker mot
ett ljus och att hur vi stod
        vid någon perrong som om vi
skulle ha inväntat någon, benådning

SLÄPLJUS

Koncentrat, tonval och någon slags
tidsaspekt för något vidare intresse
hur introduktionen av
            när det som
en bildfrekvens fram spolad till där
ditt skratt gånger fortfarande ekar
ur caféer och då en ångbåt för
            länge sedan
visslat så att sparvarna lyfter och
där du säger nåt om varför vi är så
jävla svåra, att något om
det känslomässiga, ett genetiskt
alfabet när putandes med mun
och gör ett läppavtryck mot glaset

KOLOSSALA RUMMET

Såg hur en
blå
tornfalk
när bröt
sig ur den himmelska sprickan
så som i
en
tankes
yttersta längtan
uti det
kolossala
rummet
och som
när i det
ofullgångna
språket

OFÖRTRUTLIGA HJÄRTAT

Kanske nånting om det i graden genetiska
avtryck, alternativt hur det mesta när
kring den spektakulära tiden, det
likt en dörrpost ut mot kognitiva närverk
en sin prospektering
        likt till en tillblivelse
en tillsats utav rymd
det som i ett försök till att hänvisa till nåt
ursprung, det tysta mörkret när som en
upphittad lys knapp eller
bara så som vi talar förfaranden
innehavare utav tanke och de oförtrutliga
hjärtat, de smidda vid gryning
innanför klockramen och mellan floderna

KRYPSKUGGOR

Tycktes som att fanns uti övertygelsen likt
en andlig auktoritet, etc. bara när efter de
följdenliga länköglorna de som att avtäcka
en förklädnad och se in i
            den där sanningen,
hur det vartefter de stegvisa kugghjulen
ett farhågornas scenografi, de svindlande
djupet med sina ledstänger, grepphänder
några oändliga införlivanden
himmelen med höga klockstapeln och det
där balansoket när som en ovägd tanke
impulstrafiken, hur en doft av havet, en
igenkänningsgrad utav det förenliga
ramverket till några kontroversiella krafter
hur en första solstrimma när som en
diagonal dragen rätt genom stora rummet
några namnlösa utfästelser, sinnesskärpor
existentiellt formbar, någonting om vad vi
aldrig visste om den där frånvaron när
vi aldrig räcker till
och där bara våra försvarslösa, Ansikten

IRIS

Djupt inuti
blomman
mot
som
ögonfransar
finns
droppar som glimma
kanske att
är dess
orsak bara
kalla
distraherande
vindar
men mest
tror jag
att de återger
genom ekot
av
tysta tankar

OSYNLIGA KOMMANDON

Mantrat, att när som av nakna ordval
de osynliga sigillen, hur inväntat
på något i sin framtoning, sorts
absorberande genom
              sina tysta försändelser,
det som att släppa fram känslor när
sakta stiger genom jordstammar
att ungefär så som när talat om nån
förkunnelse, en färdriktning
något utmärkande för hur rötter hitta
sitt fäste, eller det där ljuset när
blir uppknäppt med alla sina knappar
kanske ett helt annat språk
alternativt hur en sval vind, en
vackert mossig sten och inga nödrop

UTAN ETIKETT

Om någon frigjord kraft, ungefär så
som att flytta på döden en bit
att kanske bara just vid
där typ pågår, upptar plats och när
den första glödtråden
att likt fick det aktiverat igen
skeenden när som av flera faktorer
tillsammans, ett farvatten när
tog vind och såg dig åter, själaglad

TVÅ KONSTRUKTIONER VALV

Osorterat betraktande, sensuell tanke
nakna fötter uti klöverblom
hur solen när glittra uti frostigt glas
ett mirakel som när sammanföll i bön
hur en stund uppstannat
vid tiden kring en koagulerad bild
kanske gånger när nånting händer
       mellan
       det
       nollställda
och när infångat i tanke fördjupning
hur det fuktiga klimatet
en känsla av mänskliga drag

eller nattlampor genom sista svärtan
det där ljuset när likt utav en lindring

HÖSTVINJETT

Som att nånstans viker sig tiden
kring tysta omloppet, det
tunna
ljusmembranet
återtåget efter gentemot sig
själv och ut mot de grovkorniga
hösttyget, hur det
inramat utav kolsvarta
jordsömmar och sina
färgexplosioner
att slags insikt inför de stumma
avtrycken och när
försökte tydliggöra silhuetter
över det allra sista trappsteget

ILLIMANIA

Introducering, inträdet och
inre kompass, frågan av en
ogrundad orsak
svarade du, ett tänkandets
            färdriktning
när mer högtstående än så
– vad som kommer utav
när blir oövervinnerlig vid
någon tro
som att nånstans klarnar
glaset först där börjat förstå

UR ÅLDRINGSSPÅR

Förhandling med vem, sin egna horisont
allt de hade föreställt sig, hur det
avskärmat från och när bara vid sin
turordning, det tysta avlästa skiftet att
när kanske mer som i ett överlevnadens
djupa blickpunkt
             dess existens
sin själ, det som att känna mot sin egna
spegelbild eller när inte mer än så som
blir kvar uti en förvirring
vid det väldiga valvet, att så
många tankar som blandat sig i och vad
bryr sig ett där kunde ha berättat om
det skymningstunga innehållet utan svar

DEN OTROGNA TEORIN

Signalämnet sensorers obalans, verk när utan
signatur, en kemi av psykometriska
föreningar själva Traumat, om flockbeteendet
hur rädslan med den
       framsträckta strupen
en sin dubbelnatur, tillhörigheten av ingenting
motivet utlämnat åt illusionens källa
en bild ur den oseriösa läggningen, det avläst
till att likt bli övermannad av oss själva,
hur det mesta av tillfälliga transaktioner
ett större djupare och mycket värre än
att så som ett avtryck, en starkare nyfikenhet
den undanhållna sekretessen
       den inhemska cirkeln
när väggar mot väggar och fönster mot fönster
ett avsnitt som en pistol i maggropen så som
gåtor florerar, en öppnad dörr för fel våning
räcket ut av röster via
       hörselgångens rischosetter
vad tankar förhärdar som bad dig gå tillbaka till
livet eller bara för att få se hur någons reaktion

TIDSSPÄRRAR

Kanske mest anledning till ljudet som av den
väsentliga pendelns gång och som armaturer
till det där nuet vi precis rört vid
hur slog följe med nån brinnande hänförelse
nåt medgivande till resor innan blir full utav
oförutsägbara anhalter och Innan
konturer intar sin fasta form eller vilka utav
alla ingivelser ur samma förbryllande energi
några kommunicerbara membran
ett varje kring liv och marginaler eller det
som aldrig går att beskriva, den gudfruktiga
touchen så som frön briserar eller som
ett öga blänker spådom, hur ingången till
ett större rum av distansminuter
en kravlös ursprungskälla, allt som utspelat
sig likt av ett omedvetet manus,
att ett sitt embryo
allting som växer till lungor och gälar uti sitt
fostervatten, bara ett tidens framfart
och kanske vem som skulle hitta rätta vägen
innan någon tro ledd över till den andra sidan
den tillrättalagda oron, det
som uti en kvällsdoft just innan blir, kavlugn

UTAN PRÖVOTILLSTÅND

Observant engagemanget genomsyras utav så
som där sätter ihop till känslor, ett
klockslag för rumsramarna, att nån tanke där
involverat i tidsbruset, hur längtan
när likt av ett rop ur det lyckliga trädet
händelser när allting utöver alla dessa olikheter
ett förverkligandets omfamning varifrån vi som
ett gradantal för en livslevande restid till att
berika oss vid så som gånger
då kärleken skulle etablera, utsmycka och ändå
kanske några kopplingar till smärtan
       hur avstånden till
de av föränderliga skeenden
alla gånger som där en svart asfalt och medan
höstlövens gatlopp eller gånger forsar över mig
av ljus och molnvingar, en sommarhage full av
röster och händer som känner igen grönskor
en förbrukningsvara i ett hopplöst förtydligande

SCHATULLET

Gånger där mer som i fokus
utav ett tystnadens dialog
referensnummer
och hur himlar reser rymd
att
kanske
försökte genom oskärpan
predikoturer
moln och som
svajande strandgräs
någon avgjord kamp då när
inte hotet längre
närvarande, och att allt
vi bad om var lite, Andrum

STEGHJUL

Ett scenutrymme, gryningens stigbygel något
varifrån de djupa expansionskärlet, det att
öppna upp en fördämning en uppkoppling
eterns brus, det där tidtagaruret från början
och hur genomströmningen av den
                pulserande massan, en sin
själsliga sträng som en ton i varandets stund
– vem konstnären var vid skytteln och
medan evighetsväven och
knyppeltrådarna när uti förunderliga ytan, att
likt destination till att bli försatt vid tillstånd
så som känslor kunde ge sig tillkänna
slags hemligheter när inbakat vid sina gener
                ett något av tillståndets textur eller
det när ljudet av dragkedjan en dörröppning
så att fick stiga fram i ljuset, en tröskel
för en upptrampad stig i oretuscherat skick
hur sången om blodet eller räcket utav
brustna vakuum, alternativt frånvaron när
mitt uti en närvaro, typ avståndet
mellan alarmklockor och bli upptagen av att
leva, en dimension att kunna
gå djupare in uti och när levande, Antecknat

OKRYPTERAT

Införlivas tidpunkt, skiftet
där byter skepnad
tillåter inte rädslan
vid
den förenliga cirkeln
så som floret när blir silkestunt
flyter ut över någon
sista barriär till
att brista uti händer, hur
vi var andligt besläktat
träden när blir så stilla
en sin
innersta
resonans, en ogripbar text

SLUTGILTIGT

Ungefär där begränsningar upphör
prismat av upplösta referenser
hur släpljuset efter
timmar och sekunder till att bara
några kvarvarande
uti ytterkanternas tysta skarvar
– hur det där mellanrummet ur
vilket när träffats av
en klockans skugga, hur
sista löven när faller uti spegelns
stiltje och
hur de där ropen när blir ohörbara

DET LÅNADE

Att en dag skall vi vara vid begynnelse
till ett annat rum när upptar
förändring, något som likt skjuter
undan av ovidkommande, att det som
passeras genom en
gåtans lösning, hur förlitat sig på
och släpper taget om
            genom tårglaset, sätter
tillbaka blommorna mellan jordlagren
            som ett
stiltje uti handen och öppnar upp
för en själens duvslag till att hitta hem

PERCEPTIBLE

Förberedelse, pendlas intervall nån
delaktig förkunnelse som att
utsöndra andedräkt
känna aning, tillföra förnimbart
de av några jordbundna
färger, en sältans smak, det att
färdas i riktning vare sig vill
   eller inte
ett livets resonans att kanske aldrig
kom längre än till tanke
typ sluter det inom sig som att
anknyta till en räckvidd
ett inväntat
och när som en natt utav ödmjukhet

KÄLLFÖRTECKNING

Tribut och arena, aktivera byggstenar, några
unika vägval som utsikten genom vindrutan
den djupa förgrunden, det i storleksordning
som att inhalera syret, typ fräsch att andas
alternativ att en tystnad som samtalspartner
varifrån massa osynliga befallningar
det bräckliga maskineriet mot det av väldiga
expansionskärl, att en måttstock för
        alla tänkbara
riktningar, en själslig vädjan, iföra sig rollen
som uti det febrila rummet, en
samma förundran då gryningsskot och sina
utsträckta segel, en sin beskaffenhet
den fysikaliska närvaron, grundorsak och nån
medfödd natur, själva lugnet innan en okuvlig
dragningskraft, en
        producentens stora utmaning
eller som fåglarna när uti den höga takhöjden
den perfekta inramningen av tidlösa scenerier
några sammantagna koder för en genialisk
längtan kring ett havandeskap det i omkrets
för en genetisk giltighetstid den töjbara
förordning av milstolpar och rundningsmärken

FIXATIVET

Det här kunde ha varit ett signum för sinnebilder
en orienteringskod, en genetisk konfrontation för
mentala slussar, ett tillfälle av några
          kommunicerbara byggstenar
hur genereras sådant när på väg in i förvandling
det där motivet när inbjuder till det plötsliga utav
att uppdagas en sin verklighet
          som att aktivera känslocensorer, en
integrerad krets, administrativa nätverk så som
den plastiska hjärnan det självständiga tänkandet
den förenade länken, det som en genomgång
genom en annan genomgång för det aningslösa
undermedvetna, nånting att fick överrumplats av
invärtes, hur den sammansatta dramaturgin
den där nonstopptrafiken till att l
multiplicera med naturligt bildsvep, ett vind slå
några säregna smakämnen, att livets bordssalt
hur det livfulla staffliet, sina tankar, en
nakenhet i den tidlösa ateljén av kaotisk predikan

MEGAHERTZ

Den vackra vändkretsen, det interna ekot utav
några reflektiva vinklar som en stark doft ur
det där bakgrundsbruset, rymder att omsätta
till den utsatta ödmjukheten
någon mixtur för den mänskliga klangbottnen
kanske stod vid den tidsenliga rorkulten
navigationsnålen antingen på ditvägen eller på
hemvägen, hur den där avsaknaden av innan
en schattering
själva minnesranden en känsla av ytterligheter
mot innerligheter,
       det mesta av det formbara
förfarande, det som att våga sträcka fram nån
tanke så blir åtkomlig för beröring,
kanske en starkare kraft till att besegra gränser
eller det där likt av nånting att gripa i flykt
via de egna svängdörrarna, kanske ett manifest
för den ohejdbara tiden, det som i genialisk
tanke för det strömmande rummet, alternativt
när blir träffad utav nån längtan och kunde likt
bli ertappad vid nån starkare dragningskraft
leka en stund i upphävd tyngdlag känna ljuset
eller bara dessa naturlagar
när i sin enlighet med den flyktiga blomning

BÖJER MIG INFÖR

Som det var nånting där
stämde strängen vid
tidlösheten, fick solens
strålar att
lysa upp rakt genom
rummet, hur
det som en känsla kring
något uti
grundtonen till
vinden till havet
och till
alltets skulptörer när som
till ett vadställe åt Själen

KOMMANDOLÖSA URSPRUNG

Livsspanten då gud och minsta lilla rännil
och inga mellanhänder, att kanske
bara som där inskränkt till
några nervknutar och ett typ varifrån den
där rädslan fäster blicken, att hur
den sinnliga alarmklockan med
den ärftliga klangen blir genomsyrar utav
          dessa oändliga repliker
och att kanske aldrig hela sanningen
om gick att manipulera
den mjuka materia som utgjorde likt en
grund till och kanske improviserat också

ELEKTROLYTISK LÖSNING

Livsnavigatör det för några namnlösa utfästelser
och en uppehållsplats för de när likt vid sin början
till ungefär som där kunde träda i kraft av
en naturlig följdverkan, gånger då några upplåsta
signalämnen, en djupare bekännelse
       hur likt bedyrar genom sin närvaro
att som fotosyntes för replikerande avbild när den
sanslösa begynnelsen,
       en observationsplats för
det angivna talet för det medärvda räkneverket,
varifrån som en solrök genom spinnhjulen likt till
passage för egna av- och påstigningsramper eller
hur den mänskliga joysticken förbi det som några
sista löv faller uti den fotografiska ishinnan
några innebörder eller
hur det som en förteckning över tankarnas tysta
klätterställning, gånger mötet vid så som
också sanningar ibland kunde bli, oförutsägbara

VOLYMRANDEN

Status kanske gånger när det i eftersmaken
av så som nätter och när
fortfarande lite grand kvar av
hur det där membranet tillbaka in vid röster
den spontana
vindriktningen att ingenting
som om
det bara vore för givet
förbindelsetråden dagar där frångår
tidtabeller, ett stilla fönster
och att hur fanns
också sådana när blir oåtkomligt långt bort

BRYTPUNKT

Först som allting obestämd
en stund
stillastående mellan
tanke och tvekan, ett
taktbyte, hur den
återgivna tidsklangen och
när uti nån kombination
vändzoner
sidensvansar och
blodfärgen uti höstrummet

TIDVATTENSTRÖMMAR

När bara en tankes svängrum
den elastiska klockan
en förbrukad pendelgång
där avklingat,
          likt blir befriat
som när
sömnen går in i svärtan och
flyger iväg som en, nattfågel

ULTRAMARINVIOLETT

Det inom den där begränsningen
när som en motvikt för
tysta ängslan hur öppnat upp
för tanke, en följdreaktion av att
volymknappen
          en afton när nästan
allting utflutet i sin spontanitet

SNÖTRASTEN

Det hade varit en vacker kväll och
vattnet alldeles blankt och hur
han bara hade sagt att han
var på väg och att
ingen skulle veta vart, att ingen
skulle veta vart den där
gången då han likt av sitt djup
hade vikt
ihop sina kläder så där snyggt med en nerstoppad
strumpa i vardera sko
– att fotavtrycken var tydliga hur
han hade gått rakt ut i sol gången
till att han helt försvann
och att det hade varit en vacker
kväll vattnet alldeles blankt
och hur han hade sagt att han var
          .. på väg och
att ingen, ingen skulle veta, vart

DEN DJUPA VÄNTSALEN

Konferenciären, mörkerskrovet, ett vid antydan till
ljusspricka, det via dörrposter till sådana
dragningskrafter när starkare än att kunde motstå
förändring, , en förkunnelseprocess för banbrytande
ursprung, alternativt bara
       hur den oförhappandes tiden
hur det uthuggna råstycket som att initialt skrida
till handling, en sin utsikt ut över rumsliga relingen
det som en oskyldig fråga
en naken passage genom för att bli försedd vid det
gradvisa intellektet, de gradvisa smärttrösklarna
ett avkunnande för den oändliga framfarten,
att hur kanske såg när de tidiga fåglarna flygandes
       genom de sköra glasskåpen
vilka av inbyggda varningsklockor till att blottlägga
en sin sårbarhet, att visa upp sig inför alla dessa
osignerade löften, det likt en längtan då röster
blir bärare av ljus, inte så som ett
       distanserat att känslor faller handlöst
en trasig bifogad referens ur sina egna spegelgator
eventuellt alla gånger när strök utefter med handen
till halvt utslagna knoppar och sade, Välkommen

OBESTRIDLIGA MÄSTARNA

Budbärare av instinkt, ingenting i klartext, att
invänta på en uppluckrad himmel emotionellt
hur priset på det där när markerat vid tid
där överförs via generationsväxling, ett sitt
ljusinsläpp likt ett dagblänke uti
            en pupillens vackra kamera glas
när blir öppen för den vanskliga verkligheten
det som ett släkte ur bottendjupet
ett från sitt avklädda nakna omdöme till allt
medan den vackra himmelska spinnackern
mot oändliga periferin, att hur det som
en uppehållsplats för den personliga strävan
det som att växa med uppgiften
kanske nåt att sortera efter en svårighetsgrad
sina behov, en varje länk till näringskedjan
när förlagd till vistelser, en rädsla precis där
skulle våga, allt som ingår uti de
kortsiktiga av tidlösa fragment, fascinationen
av en morgonens kondenserade skriftrad
på väg ur sina tysta rubriker .eller så som när
vänder blad, en ny historik där vind och gräs
doftar utav nån oförklarlig längtan, alternativt
fråga mig inte för jag har inga, enkla svar

VITKRITA MOT SVARTPENNA

Nånting om skymningsrummet
att låta pendeln bero, slags
återställningspunkt som när en
skål med vackra
　　　　　höstäpplen
en hortensias sista eld, att när
allting nästan på
sin övertid eller det hur en liten
fågel när picka mot mitt
fönsterbleck och
jag får en annan tanke, kravlös

VIDGAT ÅT ANDRUM

Extrakt och vilka av dem som blev tillfredsställda
att vi som härkomst utav nån strukturell ordning
och kaos, utsikten från en skapad magi, att
kanske ibland sådant att betecknas gestaltande
                utav drifter, gånger när
sensuellt högstämt, en grundläggande substans
och kanske åtsittande som ett fuktigt ord
eller personifiera en självständig verkan
en spegling i koncentrerad form, någon universal
streckkod, en genomslagskraft för maniskt
utforskande, slags övervägande för och mot
det dumdristiga, en öppnad dörr där som allting
varifrån inbegriper de där händelserummet
hur det köttsliga lånet för själva känslominnet
ett budskap när placerat mitt i ljuskälla som i ett
vackert rum då doften genom en gryningsgardin
alternativt bara ett djupare collage för ögat,
några tysta andningsbloss efter andningsbloss
nånting ur de stora mästarnas mejselspår med
sådant att oavsett om fanns en väldig tomhet mot
i tron, en stunds insyn som tid blir expansion
sina perforeringslinjer av obestämda utgångsdatum

KULTURKROCKEN

Surrealism, ett svårbegripligt uttryck av en
skiktmålning, arkitekten bakom en
deformerad väntetid
　　　den manipulerade bild massan, något
ofrivilligt underliggande för experimentell
fantasi, om beroendeframkallande sensorer
ett avlossat världseko
en förlupen signal någon stod i vägen för
lyssna en tanke genom fosterstadiet
ett embryo innan spritt genom farozonen
av visuellt format, en
trötthet där vi dras tillbaka in i stjärnorna
de tysta offren som aldrig blev lokaliserad
en borttappad formulering eller det där
förbjudna erbjudandet, en medresenär när
kreativt som ett vågat scenario situationer
vi kunde ha hamnat uti en kedjereaktion av
nån särskild atmosfär, hur man kunde göra
äventyr utav likt det via censurens kryphål

SAMTALET

Han sade att det var den där
volymen med det slocknade
ljuset och som när
rörde vid sina tysta tankar
            – hur den
smärtsamma förändringen
när någonting försvinner ur
våra rop och när
endast natten varit dess gäst

ANIMERADE GENGLANGER

Retron ett när det mesta av vad vi bestod utav
kunde vara en datummarkering för det
kring några frågor kring ett tomt frågeformulär
hur upprättandet av aningslösa, att ett
första utlåtande för en sin begynnelsebokstav
något om
hypotetiska dimtöcken, sinnesströmningarna
uti sina labyrintgångar, hur ett bevittnade
kring ett tillfällets härd, ett bindemedel av tid
den livgivande elektroden när nånstans
till att angöra, förtöja visionens vackra vingar
eller en sin färd genom i konstruktion
kring floran av färger, mötet med sitt omdöme
till att beräkna sannolikheter för sådana tysta
risktaganden, en personifierad fas
händelse multiplicerat med naturlig rundgång
hur fåglar när flyger genom sina vita stiltjen
eller en sommar när blir full utav havandeskap
bli träffad av ett kärleksackord,
            en korrekturläsning genom en
kropp när blir full utav skoningslösa bokstäver

EXPONERAD

Att typ nån procent av fukt serienummer
research och för det hur
geometriska urklippta innanför dolda
tankar, att det ungefär så som inplantat
av sekretess, hur
de med flykten genom där antar en
förlorad stenografi mot hud och mot det
förlamande
       hörselgångarna
gånger de förvridna blindvinklarna, den
totala stumheten innan
tomma ark, innan tysta skeenden, innan
kompakta mörkret och innan de
av fångstnät och tusen stickande signaler

LJUSBRINGAREN

Kunde vara ett vid sin ljussättning när
jungfruligt omgivet, gånger
varifrån en doft av likt en uppslagsbok
där glasverandor andas, det som
av en gårdag och ungefär
där ligger kvar mot ett tankens tysta
broräcke, hur några
beståndsdelar som kring ett stiltjens
vindar vid badbaljas lilla segelbåt
tillfällighet eller kanske bara
för otvivelaktiga sanningar
ett livets rekvisita för några halter av
smakämnen, hur kännbara budskapet
att det vid sina mänskliga mått mätt
och en stund medan är kvar i rummet

AVSLÖJANDE

Ibland så blir
dina
ögon
så
berusande
nakna
tankarna så
avklädda
att man ur
dess
språkglans
kunde
avläsa
som till
att ana
stormfåglarna

KLOCKORNAS ANDNINGSFUKT

Ospecifikt spontant, etc. att kanske bara
den realitet vi just befann oss vid
ett tidsperspektiv för nån genklang
hur ett penseldragets
        resonans
hur rumsspannet av måleriet när både
konkret och som abstrakt, en
djupverkan för modellerbar atmosfär
typ laborerat vid själsrymd, fotografiskt
studioljus, sedimenterade jordlager
– gånger tryckplåtarnas
        heta svärta
att en tagen bild ett stycke ifrån,
ovanpå de tunga trappstegen
att så som timmar till att, neutralisera

AKUSTIK

All mängd trådar som kring kärl i morgondis
något vid sitt eldstål där likt ett
tanke drejat då när likt håller det vid liv
en koreografi, en scen
när speglat ur ett porslins flytande glasyr när
ur den allra djupaste och allra blåaste marin
– det som vid ett varje
          upprest dissonans
där sköra klanger strömmat till genom en
sval tyllgardin just när ljus når in att då vidrör
möblemang och rum
så som ett betraktande skälver en lågas rymd
när dricker vid ett ögats vackra lins som ett
inre segel växer till ett sätt att drunknas invid

METAMORFOS

Det när odelat till
kropp och själ
att mer
som till
genetiska speglar
ett sitt
ursprung när
början till något tilldelat i avstånd
till andning
hur det förankrat
vid
en kalkstomme
när blir klädd med
sitt, uppvaknande

KUVÖS

Hur akten av optisk kägla
en obeveklig kraft, det
första som till en tanke
ungefär de gånger moln
tonar upp
slags försök till
ett jordens smycke, ett
skyddat rede, gånger där
uppbyggnaden utav
barrikaden längst in för
det allra sårbaraste

BRILJANS

Ett nuets effekt och
när som en lek vid
perspektivlagar, att
sorts
skådeplats, ett
visionens
            collage
prägelns spontanitet
eller
ögonblickets tillfälle

ORDVÄV

Informativa direktlinjen, redigera rastlösheten
en elektrolytisk lösning som uti ett naket tilltal
när blir preparerat vid liv
det varifrån ett sitt varje upphov av inträffande
något verksamt ämne åt några mentala slussar
          för möjliga scenerier
de gånger fick träffas utav de varma altarljuset
ett avkunnande för den oändliga framfarten
avstånden kring en modersinstinkt,
innan i hopsamlandet av historier tiden gjort
ett villfarelsens inåtvända ögon,
de som att rekognosera verbala passager eller
en rödpenna för tysta reservationer
gånger djuplodet av att kunna flyta in vid
någons underbara bild, det parallellt kring nåt
att kompromissa känslor, hur trafiken av
          tillbakaspolningen utav
mänskliga speglingseffekter när likt passionerat
urklipp, alternativt ett supplement för det
uteblivna typ alla de gånger spenderat på nån
oemotståndlig smärta och
innan de där rummet av imploderade klockslag

DOMINERAS VÄSEN

Vid sådant att ifall själsligt förberedd, en upplåst
mekanism, en tanke utsträckt som till att
lokalisera känningar, gånger där gryningsskrifter i
sina oretuscherade skick
eller hur det omedvetna när rakt framför oss
en klockans visare i de ändlösa motivet
ruljangsen genom det kaotiska oförståndet det att
likt växa in vid någon förmaning, sorts
sammansättning, en matematisk
komplexitet för avkommor, det
som att tillstyrka en sin existens, att ett tillfälle för
den okontrollerbara smärtan eller så som viljor
har egna ut- och ingångar, lekar som blev till allvar
        hur det oförsonliga svårmodet
ett avtryck i parapsykologin, spårväxlarna när blir
parallellt vid upproriska blodet, de där
skovelhjulen till att göra avstånd eller hur det som
likt en rumsdebitering för så som en tanke när rest
genom en kropp, och för den hysteriska himmelen

NAUTISKA BLÅ

Gånger där avtäcker kameraögat
att hur det uteslutande sitt
          ursprung som en
källanvisning
ett sitt stadium av hur bilden när
          stannat som
          mitt uti
en interaktion händelserummet
så som en kropp brinner
utav vidd och gudomlig predikan

SINNLIG TRÄFFYTA

Tankar när intagit sin plats
optiken när blir utav
hundkex och
sommarmoln, att när inga
andra kriterier än som
          att inget
kunde hindra det sakta
mot skymning
bara hur en
sval doft utav och kanske
att kunde man ana ett rop

MINA ÅRSRINGAR

Hur de där inre bilderna
och när alldeles som om
de bodde
       i oss
så att vi kunde
vidröra ett
för länge sedan intill nuet

SUBSTANS

Ditt arvegods, ditt vin, den stjärna
som pulsera att leder dig in vid
      en djupare
      sanning
ett annat medvetande bara för
att du skulle kunna höra hur havet

SÅRBART OFÖRMÖGNA

En närkamp vid sig själv, att bara en tanke från
att när sticker hål på pratbubblor så som där
kommer ut mot den andra sidan, en omedveten
strategi, att kanske förprogrammerade till att
så som några signalämnen gånger när
precis i verksamhet genom våra kroppar, genom
                    ryggmärgen genom
äppellunden då sjöglittret via vackra grenverk
eller så som tankar när faller ur sin
egna stumhet
en teori på att det är stor skillnad på
nån stark tro och om fanns en annan verklighet
och vart fanns innehållet som skulle vägleda oss
– en välsignelsen befruktning,
kanske mer som i en modifierbar pedagogik via
det där laboratorieglaset, typ att bli
försedd med det förunderligande flodsystemet
en samma verksamma faktor som jorden suger
åt sig av fukten, en kärlek uti det tyngdlösa
ögonblicket och hur en varje
blomma när spricker upp i det oumbärliga ljuset

DJUPFRAGMENT

Erfordras kännedom, några tysta delgivningar
modellerbart grundämne, själsliga spelrum
en aktiveringskod för bröstmjölken, alla de
svaren som uteblev, en och annan borttappad
formulering, vilka
utav mekanismer för det starka ljuset
genom det stora vävhjulet
den där vidden utav meningslöst förkunnanden
gånger skulle byta färg, några nya penslar och
kanske ett nytt språk eller när,
ekot av som ett fotografiskt avstånd förbleknat
bara kvarnhjulets oförtröttliga rundgång,
en adressat av nervbanor, rollen som
en medverkande kraft, en attraktion, en vågad
emotion till att tränga igenom heta brännglas
de tunga djupa markörer av eld och vatten och
när en himmel skjuter i höjden,
          alla spunna trådar kring
brytningspunkten när det som förskjuts inuti
speglar när alla strandstenar likt blir blå
och ingen, ingen, ingen kommer vara oskyldig

BETINGELSE

Tillskrivs omständighet, ett
i grundgestalt som kring
oavbrutna instinkter, hur de
av i eftersträvan som när
ljusen genomflöt
daggdroppen eller bara det
som redan är
vilka av givna löften, en
fördröjd tanke jämsides nån
försoning, det allt
medan en lysande åkervall
och sådana kvällar när
lika varsamt som svala blad

HÄNDELSE

Personifierade dragen, det osynliga källsprånget
skulptören för den överdådiga konsten
kommunicerbar till att bokstavera vid transaktion
de som en korrekturläsning med verklig substans
den tysta dramatiken, livsbejakandet att sådana
fragment för nån töjbar tid,
spontan kärlek, eller världen uti ett sekundverk
            den av påtaglig
närvaro, ett bildsvep ur en genomfrusen tanke i
slowmotion, nånting huden förnimmer, en
genomträngande passage för sådana delgivningar
att tillsammans med som växer inom oss
hur bara det ensamma ekot vi ibland bebor med
mänskliga väggar runt omkring oss
en hjärnridå, en stopplikt för alla våra trafikljus
och kanske något om ett Ansikte när denna djupa
karismatiska klangbottnen och för att
klara det här måste vi tränga oss
igenom oss själva, ändå kanske vi aldrig någonsin

BRAST JAG INOM

Närmas mig mindre än kan urskiljas
och morgonen när
ett tonsteg högre på väg genom som
      frågor kvarstår
alldeles vid den där fästpunkten
hur rymmer ett eko av färdriktning
och antar ett ordlöst
förankrat uti bilddjupet och låter sig

BIOLOGISK STRATEGI

Ramverket av associationsrelaterat periferier, den
sfäriska scen, det som en detonation för den
fria viljan, ljussprickan i den svarta densiteten när
ett nyckelord för den upphittade,
strömbrytarknappen, hur ett bevittnade
utav konfigurationen okuvliga dragningskrafter
fönsterhaspen för gryningsramper
en genialisk öppning för det strömmande ljuset
tidsfjädern när i sin anspänning, det som en
indikator för den organiska merkonomen
hur själva svängningskretsen, det som anger
klockslag för vilken tidpunkt som helst eller som i
minareters utrop, ett Ansikte uti entréspegeln
        hur det förgängliga nuet
att ett sin medverkan och hur själva lugnet innan
den talande naturen, några tidlösa
vinklar påklistrat vid gåtor ungefär så som röster
fortplantas, en passage sinnliga spegelsalarna
fönsterdisplayer av öppna och slutna system
en infångad distans till att registrera besynnerligt
kanske det vi aldrig visste om
andra knutpunkter om andra övergivna perronger

EN PASSAGE

Neurokemin för lustar, fräckhet till huvudattraktion
tillträde känsloregistret, typ öppnas upp och
befruktas till att avkunna ett livstecken,
ett betingelsers motivation, ett upplåst utav rädsla
och att kanske bara den stora monumental
filmduken, med mörkret och stjärnorna till att ett
   rop ur gryningsljuset
vitsippornas ljuva sånger, ett flöde så som man
talat direkt till hjärta eller de
   märkliga bildrutorna
av nån flyktig transaktion, ämnen som ombesörjer
en direktförbindelse genom sugklockan, via hjässa
Toxiner och andnings reflekterat, ett ängslan
ackord, en kemins gåtfullhet, att en upplåst debut
när som en starkare doft ur osynliga källsprånget
det ungefär av skrikande törst och hunger, hur det
att bryta sig igenom
kosmiska mörkret bara för att kunna få bevittna …

OXYGEN

I rymden dör aldrig valarnas rop
inte heller vår förfäders
inskriptioner när
      de har sina
slutna pupiller, när lagt ifrån sig
alla sina bokstäver
      sina tysta rubriker
      när gjutna
i vindstilla ljus
och när vetter mot något annat

VÄGSKÄL

Det när står vid sin morgon
full utav omedelbara
att pendlas mellan som i en
magkänsla och
      när i färdplan
likt kring ett sitt nervcentrum
ett vägval och som
      det mesta av
oförutsägbara
och gånger där måste välja

MATRIS

Härd, djuphärd, något ur förlaga
som delar till kropp och
boning, de som identiskt för hur
kunde reta en fantasi, att
hur kunde hända
med samma övertygelse som till
dess nakna djärvhet
skulptörens som vid
det där regnen mot svartjorden
en process likt utav
en tidsskulptur när
förankrande av ett ljus när i sitt
         egna språk
som nån genetisk bokstavskod för
både hjärtslag och andning
         typ möjligen
hur poserat uti sitt temperament

KOGNITON

Den mentala riktningen
att nån invändig
konfiguration, ett
då sinnenas förfarande
själva
perspektivet
som inramar en stunds
tankfullhet som
i kamerahuset speglar

ORDLÖST

Vi andas skymning
lyssnar
en gråstens
tystnad
läser det stumma

SIGNATUR

Rummets konsistens
så som chassiet av efterlämnat spår
mot en
flockrand nattfåglar

ATMOSFÄR

Ibland som där vi träffats utav den
där enkelhetens
            insikt och
så som fönsterspeglar när blir full
utav himmel och
gungandes grenar med äppelblom

EON

Ett tranans skri genom dimhöljet
att några sekunder där
uppstannat i frånvaro av gränser

LYSTRINGSSIGNAL

En stund fredad zon, det där uppvaknandet när
som ett reduceringsmedel för nån klarare tanke
            den spruckna förseglingen,
den livgivande elektroden, släkte av härstamning
nånting att kontamineras vid djupsinnet
den osminkade tiden, en stund vidhäftning den
råa verkligheten, en naturlig logistik för
de hypotetiska svaren, den antastade tystnaden
alternativt de efter nattsärken och ut mot dagen
hur himlaglaset med blåste optiska inställningar
att hela rummet i diffraktion ljuset
att en måttstock för den kollektiva anstormningen
något unikt vägval för de blanka hjässorna
de trasiga pupporna,
            också den nyckfulla spegelhinnan för
det oupphörliga sökandet nånting att mäkta med
hur några vindar tog tag vid våra notblad,
allt det som är och allt det som blir eller bara de
varifrån en livslevande ton med de enklaste ord
flygande mot oss genom sköraste glasmålningar

DIAFRAGMAVINGAR

Den flexibla scenen, pejla in en bäring för sådana
högfrekventa rop som en radiofrekvens genom
hörsnäckan, de exceptionella för alltings magnitud
den otämjda fysiken, nån elementär förutsättning
– hur groddarna som lyssnar uti mellanrummet
något som gick in vid den organiska
klockan som när tänder ett ljus ur mörkersprickan
allting vid utgångspunkt av sina ofyllda meritlistor
ett avtryck uti parapsykologin,
      minnesaktörer för hårddisken
den komplexa kombinationen
typ sådana administrativa nätverk till att låta sig
ingå vid förvandling, ett testamente för något
äventyrligt tillgodohavande, nånting om
sina egna spegelytor och alla dessa gånger då när
blir utmärkta med känslomarkörer, en
räckvidd kring nån vilja, kanske kittla en tanke
en stegrad lust, som till ett
spänningsmoment till det mänskliga ödeslotteriet
det tysta ekot av rekapitulerade drömmar,
det innan alternativt frigör sig från och det ingen
ingen kommer att ha en minsta lilla aning om

UR TVIVEL

Det här är inte
nuet
så sök inte
allt är upplöst till nattstjärnor
– men tala
gärna till dem

INDIKATION

En första anblick och
som visdom råder
att bara sitta
uti djup sinnesro, att få känna
hur finns
kanske framträder
så som
tystnader väcker oss

DESSA URVERK

Och klockmynningen, det när
ett i avstånd till som
genom
fostergången
utskrift
och begränsat datum
– visst är det väl
märkligt, att bara så märkligt

OFÖRSTÖRD STUND

Just vid detta som ibland
när bara är, bara
finns, någon grovskuren kontur och
vem
som öppna ett första ord

TRAMPORGEL

Hur vi var små, höll uti
handen darrandes av
små ängslan
, noterna som när
fåglar
innan kunde flyga
men bar det, sjöng det
och lät det
få lysa uti dess leende

BESKED OM LÄNGTAN

Det där ut mot vägrenen är aklejor
sade hon, precis så som glädjen
kunde strömma till vid
sekunden av en inre bild när målat i anletsdrag
slags tidsperspektiv när upplyst till
sanning, hon som somnat
med ålderdomens händer uti knät

TIDSENLIG RESURS

En första kännbar puls, en nyöppnad gryningsmagi
att en stund till att bli ertappad existentiellt
ungefär där tankar rumsterar, bli innehavare av
en osynlig röst på väg genom
              av omedelbart förestående
statuera en känsla, att typ vem som beordrar det
utav en större undran inför gånger där en öppning
genom ytterhöljet och till beröring som en tanke
i original uppfattar och reflekteras tänkandet
några transformerade skrifter genom födslovärkar
de som i ett mikroskopiskt myller bara för
en begynnelsebokstav, ett budskap för ett alltings
viljor, ett manuskript för de dyra tidsfristerna, att
ett optiskt vridmoment till att försöka se genom
kamouflerade känslor, alternativt en rekonstruktion
en varje sitt larv stadie av råriggat och livfulla vindar
det oförklarliga innan det naturliga sönderfallet och
innan den sista elden slocknat och att när bara
det tysta hålögda mörkret när genomsyras utav den
              eviga frågan, det
som en fruktknopp, en ängslan och en osynlig makt

EN GRYNINGS BROTTYTA

Bara varifrån denna utblick och sådana partiklar
när fanns ingen medföljande tolkningsmanual
gånger som ett uppstannat vid sådana processer
av tystnad och sådant
        att vi inte har en minsta aning om
bara en känsla vid det som alltjämt pågår, kanske
hur satt vid strandkanten med fötter uti vågskvalp
med nån miljon år gammal sten uti handen
och så långt man
kunde föreställa sig det omöjliga, till det möjliga

PROFILERING ORSAKER

Ett budskap i precision utav ett träffsäkert ord
specifika förlopp, nån periodisk rörelse, hur
ty följer bokstavstråden för ett tankarnas
tysta sömnad, ett livets rekvisita, några länkar
där strömbrytarknappen till små bräckliga
begynnelser några forcerades barrikader för
när som i en produkt av likt nån sinnlig fattning
några spinnhjul moturs och medurs
alternativt resultat av spontana arrangemang
kring kärleks händer, hur fick glänta
en stund förgänglighet, eller ett sitt resgods
det när en inrymd information, det likt en
utskänkningsplats för adressater
   utav nervbanor
impulstrafiken där varje av sina ideliga upphov
kring inträffande, någon naturlig riktning
fick avtäcka en förklädnad till den djupare av en
minnessektor när blir genomträngd av tid
det som uti en sammanfattning vid alla
försök som gjorts vid livet, den heta elden och
när tillbaka till lejdarna ner mot fast mark igen

ORGANISK SMÄLTA

Själva portfolio en skala på matematisk applikation
en tankevolym, att en sin beskaffenhet av ord
aktiverade synapskopplingar
        den mediala dragkampen
ett undermedvetet alfabet eller så som
gryningsdimmor kryper över sina kylslagna socklar
alternativt utvärderandet av en tanke då
tiden föll in genom en rumsgardin och det makalösa
ljuset, en handlingskraft vid tankarnas tomhet
det katastrofala dna:t, ett varje länks kretskort när
hela mänskligheten, vilka utav förutsagda färdvägar
hur det som ett långsamt samtal vid sig själv
någonting hur blir skildrat genuint och som
en förbindelsenät där allting existera samtidigt eller
kanske gånger där den ömmande klangbottnen för
        både lästa och olästa
en förlupen signal någon stod i vägen för
hur den farliga varianten utav igenstängda, utvägar

MEDAN TIDURET

Att det under tid av stilla begrundan
fick känna doften av en sin morgon
när i tilltalande
hur omvandlar med vilket som
livspositioner allt medan försynen av
den väldige
eller kanske bara det
när i grund och botten själ och hjärta

GRÄNSÖVERGÅNGAR

När glittret kring vajande säv
underifrån himlar och när inga väggar
inga tunga ord
– ingenting, bara hur
föreställer mig något bortom

MIXTUR DAGORDNING

Visionen och allteftersom fick träda fram likt av
en makalös beståndsdel, nånting att kunna
drabbas utav längs färdväg, kanske ett
skulpterat ord, en flackande blick, att sådana
att inte tillåter ett innanför, en delaktighet vid
frågeställningar så som vindar av spontana svar
några sammantagna koder till att framkalla en
touch vid den obevekliga gravitationen
den sköra hållfasthetens yta eller de instinktiva
uret, klockan när som ett instrument för tid
pendeln till att frambringa inom
synhåll, en stund naturlig giltighetstid, att det
som uti en optisk punkt, processionsgången via
den blåa Aulan innan recensenter
trycksvärtor och sina skrikandes rubriker,
den elastiska positionen, hur någon omvandling
av ett rummets djupa expanderande, typ vem i
tillsyn av reseformulär som till den lekfulla
dramaturgin, hur de från sitt embryo till i
fullgången längtan nåt ämne likt utav en flyktig
transaktion statiska bindningar till ett vackert
monteringsmontage när blir sammansatt
i rörelse eller gånger den där intima postgången

SMAKA PÅ EN BESTÅNDSDEL

Habitat och trossats eller den tidsenliga murbräckan
en medfödd betingelse, en telepati mot den
andra sidan, den vingflykt som
uti den egna ofullkomligheten, en varsebliven status
alla gånger räkneverket med de stegvisa
kugghjulen, innehållet vad vi gör det till, att växa in
vid någon förmaning, en beståndsdel som
att lägga dit ett scenario, en självcentrering till att
precisera ett närmande, alla de gånger kunde bli
full utav tillstånd, hur kontaminerat vid tid
bli innehavare av den egna riktningen, ett unikt
vägval, nån minnesdepå påklistrat sina adresslappar
och resedekaler, alternativt en och annan
placeboverkan, en dimension av hur vi rört oss
genom oförutsägbart, de anmärkningsvärda
när som ett liv i företeelse, några sinnliga överfarter
                svängningskrets och pendel
som allt medan sofistikerade himlen då vackra moln
svävat genom sfäriska bjälklag, ett läppavtryck mot
ett doftandes astrakan, en motivation vi alla behöver
som förgrenar då trovärdigt utlovat och hur den blåa
planeten när alldeles för fantastisk för att gå förlorad

DIAFRAGMAVINGAR Nr. 2

Den flexibla scenen, volymen med det svindlande
djupen, pejla in en bäring för högfrekventa rop
elementär förutsättning, hur det exceptionella för
alltings magnitud, typ att realisera sinnen
fick ställas inför sina egna ställningstaganden, bli
tillgänglig för ett medgivande, den otämjda fysiken
akten av skulptural materia, det
att låta sig ingå vid förvandling, det utmärkande
för de livskraftiga av testamenterade viljor,
så som gåtor fortplantas, alternativt att besegra
gränser, något äventyrligt tillgodohavande,
så som flykten genom några rymder när i passage
av sina egna spegelgator,
       ett grundfundamentets kvarnhjul
mötet med nån oemotståndlig smärta, sorts
försändelse när blir utmärkta med känslomarkörer
kanske hur den exklusiva eftersmaken av en kyss i
en fläderblommans tid, avstånden till innan av
bordlagda frågor, minnesaktören med hårddisken
ungefär då spill ljus rinner genom sina almanackor
träd och stenar allt medan den evinnerliga tystnad

MOTTAGARSIGNALER

Ett ofärdigt mysterium, nånting mot den skymda
sidan, ett rymdens marionettrådar, själen för nån
nödhamn som en lysboj uti mörkaste natten
gravernålen som kring en början till upprinnelser
och hur inkörsporten till där banar väg
          kring någon förkunnelse
typ vinkla upp morgonkornischer
en rådande utsikt genom himmelska vindsloftet så
som vi också bara var barn av natten, en känsla
parallellt vid som när existerar överallt, alternativt
det så som liv framträder men bedyrar ingenting
sekunder och timmar där bilder när
blir verklighetsangripna, de mesta av tidtabeller till
att lägga dagar och nätter i dokumentation
          kanske identifiera drifter
hitta en perfekt pusselbit för de egna passformen
hur rundgången människa till människa
dess egna version av utsagor, typ rymder
när fulla utav vågfrekvenser för mottagarsignaler
vart undgår smärtsamt, att bara medan tidsenliga
räkneverket, eftertanken när sanningshalten på
några enstaka mirakel och tysta samtycken, att en
notis, en bruten kontakt, en avbokad tid och hur
den där tron när kunde bli framflyttad till ett kanske

TIDSLINJE

Ett sitt flöde och kanske
det där behovet av att
fick rymmas, något som skänker oss
möjlighet till
möten och försoning
– hur allt bottnar
uti likväl
så som verkligheten fanns
när blank av dagg eller
gånger med nyans av ljusa
nätter och inget som hotar

GLASTIMMAR

Design och när fotografiskt
högupplöst, pixlarna
till antal bildpunkter, ett i
framkallning som
när panoramat tänjer sig
kraftfältet att
när så
där grafiskt djupt att
tankarna när blir utfällda
          till i flykt och
ansiktet som uti ett, Anrop

KALLELSE

Hur mänskliga formatet
att det som vid
sin begynnelse och när
full av livstecken,
att likt bara någon
marginal till
        sin andning
typ resan varifrån varje
årsring kring ett sitt
innersta
som att lita på sin insikt
atmosfären
och det tidlösa skeppet

LUFTGARDIN

Att som en ostörd utsikt
tillfälle
utan ord
        – enkelheten
när
den blir så där förträfflig

VITA AKTER

Äntrar en scen, domän av
högre grad
att sådana sfärer
när i volym som element
uti dragningskraft, att
gånger där kunde
kännetecknas ett genialt
språk, alternativt
återgivande skenet till
de där speglarna med
de väldiga glasmontrarna
– etern och
när sammanfaller
uti den optiska ljuskäglan

TYST GRÄNS

Att ungefär betingelsestadium
– inte begäret, inte gud
utan mer som årstidsfaser när
överskuggar, också hur
          det där
greppbrädet om tankarna
interiören med den andra tiden
det att bara så som en tystnad
ibland när sammanstöter med

OBJEKTET

Och som att det här var en
tanke när
skulpterat i fritt spelrum
en metod för det
likt en mental förflyttning
så som en medvetenhet
söker det och
när i bagaget den del
utav formeln där upprepar
i verklig skala
– typ hur ett ur sitt
bottensediment när glider
inåt som till en befruktning
likt till en nästa, människa

ISCENSATT INIFRÅN

Det var nån gemensam
beröringspunkt
ett strandhugg i det
vackraste av diafragma
och av andhämtning
– att dess epicentrum
kaoset med
de graciösa, vingarna

ONÅBAR

De när försökte ur svagt skymtat
och blickstilla lugn, att när så
där intetsägandes och språklöst
att bara några enkla
        med tidig oskärpa
mödosamt och utan avslöjande
        bara som hur
dessa läppar mest talar stumhet

STÄMGAFFELN

Det av obefruktade scener, djupare ingående
kanske inom parentes och sparat just bara
för annat, utvärderandet av nån försändelses
eftersmak, minnesfragment av exceptionella
frågor och kanske att
        inte köper det en gång till
konfrontation de gradvisa intellektet, kunde
likt eliminera för icke längre önskvärt
mer som i utplacerandet av förbryllat eller hur
kunde ljuga med ögon,
en känslornas resenär, begrepp när lika unika
som något uppstannat uti en tanke
där komprimerar bilder till ett i stillastående
en blindstäv ur solförmörkelse, en ohörbar
radiofrekvens, ett nyckelhål med en
obegränsad fantasi, en refuserad textrad, att
en knäck gren, en sakta läkning och de där
tysta fakturorna bakom den skymda sidan då
ett katastrofens slutton, den
oförsonliga ångestattacken, kanske försökte
känna mot när förpassad till ett slags radbyte
hemmahamn och kanske smärtan också

RANGORDNING

Det finmaskiga nätet, en dold psykos, nån
ditsatt kurs genom någon bevekelsegrund
typ påslagna nervbanor, gånger när
lika specifikt som obunden uttrycksfullhet
låta frihetens vingar få
känna mot en tystnad när bara återstoden
utav några sista ljusdagrar och lite
sol glöd kvar i rummet,
kalibrerande jordskuggor och att det som
en andning i panikattacken, hur någon
påverkbar personlighet när intrasslat vid
livsfunktionens varptrådar eller medan
skovelhjulen till att likt göra avstånd
mellan sina hållplatser, den där
kappsäcken vi bar på då letat motstånd för
nedbrytningsprocesser, det som en
navigation genom av minnesfragment eller
bara en dag som alla andra
ensamhet när ingen ser och när ingen, Vet

SKÅDEPLATS

Att de som en stund vid utan
fäste, hur lyssnat inåt
            och allt
när ligger till grund för och
gånger bara
att som en tystnad ibland
när överröstar allt medan
sista projektorljusen
strålas genom trädstammar

LJUSINSLÄPP

Härifrån och som ett klockslag
föder fram impulser
en lånad tid och efter att såg
hur fortgår, utgick
från sitt centrum så som
en tystnad mitt uti en fågelröst

DNA STRUKTUR

Vid strandhugget, rumsskelett
och skuggor
någon tystnadens efterlämnad
            signatur
att så som en kropp i död pose

ISOTOP

Att när det mesta i tabu
hur förslutet uti
ett ögats branthet eller
hur ditt hår
när fortfarande doftar
som en vind av Provence

SJÄLVREGLERANDE MEKANISM

Livselixir vilket privilegium, aktivera ett optiskt
djup till att få zooma in detaljer
skulptural tyngdpunkt, en fixering det varma
alfabetet, aktörer av naturlag och hur fick bli
upptagen i det fria konstens språk
kanske en intentionens fotoblixt, det plötsliga
av den sinnliga genomströmningen varifrån
minnesdepåer där kunde hämtas in sådant
vid reflekterandet av förbipasserat
            alla gånger
blyertsudden avtecknat svala nakna huden till
i mjuka skuggor i
            Sensuell profil, hur
skiktet av berusningsgrad när de djupaste av
ögonhålor med sina rufsiga ögon allt medan
klockornas tickande genom tidtabeller
sådana gånger när hinner bli i kapphunnen ur
alla dessa bilder vi klev in och ut genom som
ett skäl till livet, något starkare än
allt annat som driver oss och att när kanske
bara några spillfläckar kvar uti, tomrummet

UPPLÅST TRANSAKTION

Härifrån som vi skulle frammana reflektion, elementär
förutsättning i mötet med den obefläckade morgonen
nåt tillfälle till att gripa i flykt, hur de angivna talet av
ett nyckelord intravenöst för den genomträngande
passage av organisk skrift, känslor till att bokstavera
in i scenografin bara för de maka lösa språket eller de
gånger sticker hål på en tystnad
        så den oförhappandes tiden
en stund själslig inackordering en uppväckt motivation
ungefär kretskortet hela människan, det som ett ord
av din andedräkt genom bladnerven alltmedan
asymmetriska svängningskretsen och i en outforskad
del av det förunderliga flodsystemet, avståndet till
alkaloiderna genom de trasiga pupporna så som
hemligheter blir inbäddat vid gener alternativt som att
realisera nån naturlig verkningsgrad, den ultimata
känningen, den överdådiga konsten, saker vi gjort till
argument, vilka besegrade gränser, vilket pris för
något spänningsmoment när de mänskliga rouletthjulet

HÖGTIDLIG FÖRRÄTTNING

Ombud, införlivat invändigt till i berusande alkemi
ett känslornas armatur, nånstans där anländer,
navigatör för djupsinnets breddgrader, ett oprövat
ankomstrum, några omedelbara uttrycksmedel typ
som att aktivera en strävan
        en medverkan substantiella hjärnhalvor
något mer än förevändning, genereras innersta bild
det från bottensediment till utbudet av de som växer
fram ur nån osynlig befallning, den dolda skarven
de av en krypgång via mörkerseendet till i ljusseende
en samma förordning som i en anstormning levande
organismer genom laboratorieglaset
genom gudamarken genom jordajorden eller som en
solstrimma genom brännglaset, att bli innehavare av
det givna tillfället kring en livslevande längtan så
som fåglar sjunger, malörten växer och alltid
denna fråga om vem som och alltid denna vem som

VERIFIERAS INGA UNDANTAG

Experimentell fantasi, mysteriet av passager vi måste
passera, en utblick varifrån de förlösta direktiven
några hemligheter inbäddat vid gener också det där
rummet när blir öppet för dialog
ett avtryck vid tidens oxidering, dramaturgin för den
mänskliga färdskrivaren
       att ungefär där uppfattar sitt väsen
det där utsprånget mot när blir giltigt gällande, ett liv
som i överlåtelse av handling, en definition tid och hur
det medärvda uret, också allting som växer
tillsammans vid oss i flykten genom nonstopptrafiken
intensionens fotoblixt, världen uti ett hastverk
en massa serienummer, kajkanter och förtöjningsöglor
vid den flyktiga pedagogiken av alla av- och
påstigningsramper, alternativt bara en brusreducering
som en kvarlämnad stillbild i fiskens öga när sprattlat
       vid sista stationshuset
eller bara de gånger då stod ensam kvar uti en gråtdarr

CENTRERAD BILD

Sådana krafter av blotta vilja, stranden som första anhalt
eller så som smaken av en hastigt inhalerad vind, något
         argument för inneboende värde
kanske åberopar mitt uti ett andetag
att växa in som till en förmaning om genom jorddoften
frösprickan och via det kaotiska oförståndet
grundfundamentets kvarnhjul, signaler som gäckat, typ
ifall själsligt förberedd, som det mesta domineras väsen
och det omedvetna precis framför oss, känslor när i
oretuscherat skick, en frågeställning via några förenliga
aminosyror som att bli tilltalad till likt av en beröring
nånting vi skulle verkställa, de som en navigation genom
de djupa ateljéerna, tiduret uti en kosmisk rörelse, hur
en upplåst mekanism i de växande motivet, sorts
applikation av en omtumlande ryggradskänsla, ett tillrop
glidandes genom hörsnäckan begäret och sådana saker
att kunde hända okonstruerat, när
lika fascinerat som upplystheten av fyrskeppet, havets
uppstänk, nätters brandgator och vandringsstjärnor

SKÖLJER STÄV

Vistelser, agera inutionellt och vad som är verklighet i
det här som aldrig fastslagits, sorts själslig arena
nån tidsenlig måttstock, förmaket till omloppet kring
i väntan på medan det osynliga fick gestalt, ett språk
avväpnat naket som ett
villebråd uti rådiset, typ stod vid
            som likt aldrig går att förutspå
ett orört samtal, någons fingersättning till några tysta
tangentövergångar som en lätt vind uti fönstergardin
den centrerade punkten, hur
tid blir formalitet, alternativt gånger som nån rädsla
bedarrat, några oförutsägbara farhågor, hur det där
växelspelet mellan temperament och nån toleransnivå
statuera en känsla, ett nytt penseldrag, en
applikation av dina vackra sländor i mitt skissblock
eller kanske bara ett ensamhetens avstånd när
ibland likt vindar griper tag om den övergivna gungan

PROCESS

Var det instinkt som föranledde, var försvaret på
helspänn, och vem är du, kanske tror du gud
var en jonglör och att uti de där föreställandet kan
vad som helst ingå som orsak, alla de gånger
kunde komma av sig mitt i en mening ungefär så
som när ord kunde ta slut, hur några skyltar var
textad med arena och att det var här vi läste oss
in som upplåtits åt betraktandet när beläget som
mot i ett annat ljus när så där begränsat
och dyrbart att i varje chansning skulle vi ta resan
genom den egna förskyllan
– förlåt men nu faller jag sönder igen, denna
återupprepning som vi färdas genom varje gång
tanken ryms, hur meningen var att vi skulle lägga
upp det så inte lyste genom, vi är nog
bara elektroder en rädsla för att bli fråntagen vid
genomströmningen till vad vi
egentligen skulle ha kunnat åstadkommit
            ..., men titta en
fjäril som mitt uti en tyngd när allting känns lättare

NERVTRÅDAR

Ett annat, vad det nu bestod utav, sippras genom
rummets nätmaskor, ett tidens grindstolpe, ett ur
vilket varde mörker och varde ljus, en öppning som
om något bestämt min födelse
          till sommarsolståndet eller
ungefär drivande ur någon natt för det starka ljuset
en inrutad volym en skrift ur de osynliga formulären
bottensediment och modifierbara pedagogiken när
blir bokstaverat invändigt, någon berusande alkemi
en akt i orsak av händelsedjupet, en instinkt
en handlingskraft till angiven riktning så som till en
destination människoröster
          och att kanske fanns
nån rädsla för att skulle bli för mycket konstruktion
gånger när hoptråcklat vid månfaser dygn etc. bara
en dag som alla andra av infrastrukturer, sensorer
för egna mötet vid det oförsonliga svårmodet
en avsats en sönderslagen bild varifrån de häckande
fåglarna när tunga bakvattnet förenat i samma tanke
varför åren sprang ifrån oss med spontana, lekarna

FÖRSTA VARIATIONEN

Balansoket för en oavvägd tanke, en anrikning följer
en instinkt, de växande motivet, nånting passerat
         just för ögon uti ögonblicket
ett dess tidshänseende och framträder när alldeles
in under tunna sköra ytan, hur skalet
mellan fukt och andning, bli observatör av tillfällen
en kontrastverkan administration de febrila rummet
utbytet av alstrande väsen, en stark vittring genom
naturen i dess allra naknaste erkännande, en
fortplantad rymd, en ekvation när kommunicera av
mångfacetterat speglingar gånger de transporteras
mellan sina tillstånd av nervbanor
den bakomliggande befrielsen, mötet vid
kanske som en brusreducering, en sista nattflanör
när starka ljuset aldrig tveka genom stora glaslungan
alternativt bara hur förföriska doften av junirummet

EXCENTRISKA YTAN

Placerat innanför ramarna de filosofiska kännandet
tilläts en volym åt fantasin, en pågående orsak och
den osynliga källan, alla dessa tillkomster kring
        den strömförande ådran, det
kring nån relevant tillgång och hämtar livslust, ett
i centrerad sammansättning som att bli träffad av
motivet som inbjuder när vetskap varken före eller
att efter en utvidgad synvinkel för begynnande
dragningskrafter, sinnen fulla utav resvägar mellan
ett allt och inget, en livskraftig ton i blodet som vid
        stränder och vågspel i orddispyt
utfallet av märkligt och omtumlande
en uppväckt motivation, en doft av vårbäcken, de
smäckra vristerna och en piruett uti solen, allting
som uppdagas efter kaos, en första kännbar puls
nånting varifrån vi tog för oss utav
        belånad genom tid och rum
kanske biföll längtan, utmaningar då när ödet ingår

DOFTER FRÅN EN INNERGÅRD

Duvornas pladder, ett tidens flagnad
slags livfull frodighet
något inre väsen och som en
vacker
beståndsdel
en pausbild ur hjärtat
att en dag där
några sekundära vibrationer uti flätor
med sommarens barbenta vita vingar

STORBLOMMIG KLÄNNING

Minns farstutrappan och de i exakta linjer
grusgångarna och känslan under
fotsulorna, minns kattens tvärkast och
när grönskande bersån med ljuva dofterna
vid trädgårdsbordet
med kaksmulor och sockermyrorna
också det där ljuset bakom gardiner
som ett svagt nynnande bland pelargonerna

ÄRGGRÖNT

Vid något datummärkt symboliskt skimmer
en kroppsvärme infogat mellan plats och tid
                    sorts förbipasserande
när komprimerat bilder utav
urlakade minnen till glesnande gestalter där
blir vinklat mot viss saklighet, ungefär
gånger då letat efter dolda känslomarkörer
sådant man lägger ut och sorterar efter
rangordning, stunder vi likt uti kaoset vid
timmerbröten eller den del av några
ritade barnsligheter att mer likt vokaljoller
alternativt doften av jorden, det kännbara
kring de olika ljusskikten när inte längre
                    ser mig
uti det smälta ljuset och tysta rummet
de gånger alla skrattande clowner när gråter

INTRAVENÖSA BILDER

Ett ämne, aktiveringskod för biologisk varelse
utskänkningsplats för enstaka mirakel och
till någon djupare kännedom, hur en öppning
via ytterhöljet bortifrån utifrån ett annat bara
för att som en sin överblicksbild av hur hjärnor
           och belöningssystem
så som varje oavsett kompetens och om rätten
till att få uttrycka sig, nån själslig manual eller
förbindelsetråden där staffliet med
valfritt klotter, ställningstagandet som aldrig
upphör i förvandling
några sinnesväxlingar etc. nyfikenhetens drift
det genom skyddshöljet för ett utsträckt rop
till en bräcklig nakenhet, kanske kontrasterar
samma minnen samma
           lidelser och samma prestiges
medan stora stenkroppar och flytande skuggor
den ljumma astrakantidens okyssta höstäpplen

TIDSHORISONT

Äggtanden genom skyddshöljet, hur väcktes av nån
instinkt för inre förmaning, en adresslapp när likt i
          pigment utav nuet
realisera en härkomst
det likt en källkod ur vakuumet utan vind, ungefär
som att öppna upp nersänkt i mörkrets tystnad där
det mesta när utan betänketid
          för den aningslösa födelsen
elektriska pulser och den egendomliga hjärnbarken
och att inte bara ett liv i sin ägo, hur projiceras ett
i arrangemang materia då vissa emotionellt laddat
för befintliga tiden, existentiella meningsutbyten
eljest sådant som styr över förnuftet, nåt tillträde
till psykometriska djupet, att alltid denna början till
en strävan, en hane och en hona då ungefär som
mekanismer ur frömjöl och blommornas suckar
kanske något alldeles innan gav vika men älska ändå

DELNINGSPUNKTEN

Legitimitet som egendom, att bli tilldelad nånting för
tillfälle till att kunna hända, livsform och gåtan vi fick
med oss, den aktiva substansen när de röda bleckets
pulserande, de ignorerade mörkret, gryningsflaskor
när blir fulla utav solljus, att den av upprinnelse
så som frökapslar vägrat kapitulation
       ifall om fanns en genklang av förståelse
eller det tyglat i blindo, att en slumpmässig mutation
de stora ateljéerna när i ett verk av rumsperspektivet
en groddrörelse uti jordmyllan, ett i framställan kring
den där rädslan ifall om vågar sig längre in
       utan att veta om
infinner sig, en utsatt tid, vilka av oändliga utfästelser
det där regnet som var en förutsättning
alternativt råmjölken och den vackra amningen
att lyssna sparvarnas kvitter uti rosenhäcken, gånger
en afton uppstannat i det tyngdlösa ögonblicket så
som panoramat tänjer sig i en fortsättning på himlen

GENOMGRIPANDE

Adapter för omedvetna styrmedel en tillvarelse som
att bestiga rädslor för att kunna övervinna, etc.
kanske om de frö som hittat sin
jord, varifrån någon nödvändig anfader och ingen
undkom graden av verklighet, att fick bli
klädd i tillgängligt, ett vattenhål för levnadspartiklar
det kreativa sinnet, hur ingick vid den
obevekliga sanning som placerar ut så ställer frågor
formbar som skäl till livet, den ständigt närvarande
bristningsgränsen för varelser i marginalen, att inte
bara de där citaten för de utvalda
ett skrämselskott uti den eviga motoriken
den parallella tiden, nånting om där vi står vid ett nu
medan himmelska staffliet med vingar i väderstrecken
alternativt så som en lämnad öppning
bara för att vi aldrig riktigt vågade avsäga oss en tro

GRYNINGENS FJÄDERDRÄKT

Att brista för en kännedom, ungefär där sticker hål på
så röster som är på väg in
att identifiera dragningskrafters verkan, försöka förstå
tid och förgängelse genom en livs levande spegling
en större inramning utan begränsning och när passerar
där framträder med anletsdrag, de ställda mot
under tid att genomgår förändring, kanske en tanke i
en annan tanke ett sinnenas slagruta
en nakenhet i vildblomning
det som att bli försedd vid elektroder, nån
motivation ställda mot upplevelser som intima kretsar
specifika tillvägagångsätt en kroppshållning, en erotisk
provokation, stötvågen från fosteranordning till sådana
djupsprickor småkrypen kryper ur
våra strömvirvlar av ohejdbara energier kunde bära på
gärningar, sina hemliga mellanrum att en främling i
sig själv, etc. någon hjärtmedvetenhet och gånger den
totala stillheten, så som
skrattgropar i sommarrummet St Paulian i fönsterljuset

NAMNLÖST

Signalsubstans för medberoende, slutföra påbörjat
tills att levande avlägset, en rådande gestaltning
några antydda element, de oplanerade scenariot
       det likt en räckvidd
ett naket exemplar när blir måttat sinsemellan
hur några känslorepliker mellan brofästen, det
att mitt uti en aktion extern länk revolten i blodet
när genererar till handling
       en tankens plats vid det
motiverade motivet när synkat vid hjärnhalvor
att nån liknelse till när intrasslat vid ett kosmos
nervtrådar, en sin medryttare, en inträdesbiljett
när blir konstnärligt utövande, aktiveras
inifrån och framförallt längtan, ett sammankopplat
vid våra intravenösa bilder och
       den gemensamma detonationen

DEN OSYNLIGA SKÖLDEN

Vart kom den här öppningen ifrån och är du säker på
att det här är verklighet, längtan och årstids vandring
så som ansikten avtar i jämförelse med förr i tiden
hur en ensamhet kunde skulptera en fantasi, kunde
vara den där ängslan ifall om en morgon skulle utebli
det där vackra ålderdomliga trädet när blivit till som
att radera ut resterande av en gång livlig bild frekvens
            det bortglömda, några försök till
            suddiga avsnitt, inte
samma vindar fick det i rörelse, en förlamad tunga,
en stumhetens försvarstal, livet för de som aldrig blev
sagt, allting samlat bakom den osynliga skölden från
och med de som inte längre har sin fullaste mening
den oregelbundna andningen, slitningar mellan sinnen
det när allt känns så främmande för, ett tyst förlåt
när inget som helst berättigande för, men inte fåglarna

POETISK SPEGLING

Vi i en dubbelsidig strävan, de intima kretsarna för
en livslevande sammansättning, en bekräftelse
som gjorts så som periferier av tillrop
någon kemisk förening av skulpturala tidpunkter
tankar format efter någon starkare dragningskraft
den omedvetnas röst, en sin beskaffning till att få
bli förtrodd till människa och varelse, en
färdriktning av förväntan, spår efter spårämnen
att växa in vid omständighet
nånting om hur långt vi med våra förmågor vilka av
känslors ordblindhet, orsaker så som desperation
kunde åstadkomma, rädsla för de abrupta
att inte vara Älskad, att inte den förbryllande
bokstavskromosomen med halsryggen, djupet vid
en hornhinnans spegling
       en stund till att bli stillastående
ändå förlikas vid, fick hitta tillbaka att likt tordes
en förlängning utav sången genom rum och tid
när en stund till överlevarna och kanske, koltrasten

NATURLIG TILLDRAGELSE

Utsiktens utskurna passepartouter, vad som ombesörjer
byggstenar till nån avbild, ambition som utmaning, en
resa beläget så angränsar till allt av pågående, kanske
inväntar dess första mening, det
när upptar motivet, scenariot som skulle ge sig tillkänna
hur den första tanken, typ folkströmmen uti plexiglaset
när touchar en spegelbild och cirklarna växer gånger
lyfter och landar i den oupphörliga förändringen, hur
bär på sina tidsinställningar av oförutsägbara klockslag
ungefär instinkter när banat väg, det
tidlösa alfabetet när uppfann sig själv, navigationsnålen
så som man hittar tillbaka till gator hus och människor
ett tillträde till rösterna, existentiell strävan
nånting annalkande känslomässigt
den inprogrammerade törsten och hungern, en
förlöst energi, oskiljaktiga källan, ljus och skuggor när
stundom sammansmälta, ett varje varelses betydelse
utplacerat utav den naturliga arkitekturen, en ovillkorlig
acceptans där upplåtits åt en ängslans skälvande sträng

VÅRA MÅTTENHETER

Rubriker ur vintergatans betänketid, mystikens effekt
av ofullgångna knoppar eller i väntan på outlöst
att bara sin tystnad, de där orden som
bara skulle sägas där behövs, något inneboende värde
de utsläppta ombuden kring injektioner för
fontanellsömmar, tusen frågor när förlöpte en stund
via gudfruktiga touchen, vad som kunde vara en
ersättning för någon saknad likt ett rop i brytningstid
en brinnande dagg en vacker kålfjäril då sommarängar
färgad utav medmänniskor fyllda med solgatorna
vilka föreskrivna tecken för det sårbara minnet,
de levandegjorda till tidlösa kopior och vad som känns
trovärdigt signerad vindar och hängande moln eller de
gånger blir kvar utanför en känslas existens men
ändå min tacksamhet till att fick komma känna och se

REALITETSMÖNSTER

Klassificering de operativa systemet, en början på
memorials, outspädd akumuleringsprocess
aktivering utav organiskt flöde, en mix av impulser
om gåvan vi skulle bli medvetna, sanningen när
blir dragen ur sin ursprungskälla, eskalera rymd
       det spektakulära skådespelet,
de kemiska acceleratorerna och hur det bräckliga i
att kunna vandra mellan i kondensation, kroppar
när blir förpackad vid sina begränsningar
nån invärtes notis, några medärvda irrgångar, typ
lekte vid smärta, det klimakteriska drivhuset,
det spruckna vakuumet, en
förutsättning när kanske låg inom räckhåll för det
gynnsamma regnet som modellerar till befruktning
en anslutning via obevekliga gravitationen
två sammantagna djup genom det förbryllande
nervsystemet, slag procent av fukt, groddrörelse
i fosterdiagnostik, ett hjärtats gemensamma
soundtrack, en obligatorisk kalkstruktur, några
invärtes rischosetter
så som förnekelser mot medgivanden alternativt
kanske bara en obefogad fråga men kunde det
ha varit så att själar bestod utav nån andlig friktion

RESUMÉ OROSHÄRDAR

Oundvikliga slitaget, ett tafatt försök till att pussla
ihop spegelskärvor, en pulskänning levnadsuret
kanske applicera den nakna sanningen infångandet
av historik, registrerande konversation, nånting
försummat, slängt efter nån lek utan skyddsfaktor
        en syndig tanke, en räckvidd när
känner en bit ifrån likt vidrör själar i förlisning
distanserat från förbi bläddrade gårdagar, något
om hur känslor när går sönder
        en provokation av tysta stavelser, en
exponeringstid som matriser ur jordskorpan
groddar som aldrig fick fäste, delgivningar när
djupa som redogörelser av lamslaget
        mest objektifierat till eftertanke
det stillastående sinnet, en skiljevägg som mötet
då höstarnas brinnande boulevarder, att betvinga
en livs reva att tror inte på med mekaniskt, hjärta

OÄNDLIGHET

Maestros sträng, själsligt oidentifierbar, ingen
vetskap och kroppen i standby läge, det
aningslösa en tanke utan tänkande och vilka
som var misstrons svar på beståndsdelar,
inväntar förtydligande för osynliga könsorgan
stadiet av grossess när unikt
        en kallelse att infinna sig vid
en grundtanke som hjärtat fick en egen vilja
värdet när satt till livet, att en
        uppväckt känsla
kring mötesplatserna när så där vidsträckt för
det vi kunde ha tänkt oss, ha gjort,
aldrig fullmogen och i
en enda riktnings utvidgning, när åt alla håll

SYMBOLERAR OHÄMMAT

Närmandet som uti ett optikens upplösande, projekt
när står mitt i zenit, nånstans i passagegången
mellan kontrastvätskor och sådana tankar lätta som
ett maskrosfrö, en gång en längtan
som uti ett fruktsamt språk genom livmoderhinnan
eller kanske rädslan för skoningslösa beslut, vi som
blev till av de tidlösa alfabetet, hur blir verifierbart
genom livserfarenhet, fick sin räckvidd för det
oförutsägbara och vilka som förgäves, ett betraktande
mestadels så som trasiga själar passar bäst ihop vid
trasiga själar och ibland
när himlen inte svarat, fast man ropat och ropat ...

MOTIVET

Du som glömde mina tårar
eller såg du aldrig
dem falla ner, det var
ju du som skulle laga mina
vingar, öppna
mig för en sol igen
göra mina drömmar vackra
ta bort
alla skuggor från förut
men din
penseldrag tog visst slut
och din målning blev aldrig
fullbordad,
passade jag inte in eller
klarade du inte av mitt motiv

DÄR SALTET UTFÄLLS

Varsebli, alternativt anhalter när spegelvänt
alla de gånger stod vid som anledningar
uppstod, terapeutiskt eller hur en misslyckad
verklighet, chassiet av komplexa bindemedel
en tanke för de outsägliga när utan etikett
bara nån osynlig mästare och
aldrig förhandlingsbar, ingenting om ögons
vädjan, en otämjda signal
en närkontakt särat ur vakuumet, vem som
ur den gåtfulla tystnaden, bara tiden från en
gång när alldeles orört, bara konfiguration
radbandet och vindspelet innan tidströmmen
och sockeln för smärtkänning, ett
oprövat ankomstrum en utsläppt nyfikenhet
balansoket för tålamodets gräns och några
ledtrådar som vi själva fick leta efter, att
anförtros en legitimitet att hämta styrka och
längtan, ett koncentrat kring både stränder
vrakrester kyssars hetta
        död förruttnelse jord och mylla

SOMMARBILD

Mitt bland alla sommarhagens
blåklockor
klöver
och
timotej
en sädesärla
och en
citronfjäril
när uti en akrobatisk luftduell

STATIONERAD

Det här är inget naturligt sken, mer som en
välsignad expansion, gånger tid blir till dess
exakta början, hur tillbakaseende för sådana
referenser att genomleva, typ
inunder liggande mekanismer, mötet vid en
evig fråga alternativt bara följer den
ovillkorliga cirkelgången när mer likt innersta
tangenter, något
djupare argument kring tidsenliga prototyper
kanske smälter intryck, att en notskrift för
ljudlösa djupsinnet, rollspel eller
undermedvetna färdvägar, repeterar de utav
levande delar, ett organiskt språk,
        varje som
gränsar till i förvandling, att bara härrör från
hur kanske bara sitter när aldrig behövde
bevisa någonting, våra grundvalar en skepnad
åt personlighet etc. ifall om stjärnor hade
alla våra längtans grundämne etc. bara gånger
lade handen mot den varma
morgonstenen med predikstolen när i centrum

TELEGRAFI

Hörsamma tigandet, skeenden och
som när utan brådska, bara hur
likt strosar runt ett tanklöst språng
upplyft av något vid trons kraft
annars mest volym och trovärdigt
      allting i känning
typ samverkar när sträckning genom
tidsmaskorna och i omloppet när
fortplantas genom hela andrummet

VERSION AV

Typ en motsatt energi något ointagligt för resterande
stationerat oförfalskat, doften av vatten och simtagen
nåt när blir fulländat mot full utav brister
den misslyckade verkligheten en summering behagligt
följsamt, att förvalta impulser, specifika anledningar
några innerliga tangenter intill nuet,
det klimakteriska drivhuset, den spruckna anatomin
en groddrörelse i fosterdiagnostik, varför
osynliga mästaren när aldrig blir förhandlingsbar
vilka av in underliggande mekanismer till penseldrag
av en skuggad skåra utefter en ryggrad
kanske en design till att gestalta en smärta, en glädje
eller de som aldrig gick i uppfyllelse, ögonblicket
insvept uti med när försökte återta
        med verklighetsuppfattning
gånger ryms att kan andas genom, värdesätter och
när inhalerar utmed det blå kustbandet, vilar i att när
        … blir stort i hjärtat
och när ingen, ingen kan måla himlen så som himlen

FIXERINGSPUNKT

Utgår från drift, nån livsform väckt av tidslig skapelse
en oprövad kunskapskälla, ideologi profetior och
dramatik, en ändlös observation, hur de kreativa som
en påbörjad skulptur, typ
hänförelsens nakna profil, rundgången drejskivan från
grodd till knopp och till i blomma, titelspåret för ett
när starkare än sina hinder
den slumpmässiga begynnelsen, en raffinerad natur
en likasinnad tanke, den obligatoriska kalkstommen
illusionens kraft, en språkvariant i lekfull förväntning
själva betraktelsen när var vid majoritet
ett innehållets dyrbara relikskrin, ådernätets glitter
de likt en brant rött klingande pistill och vi vadade ut
med händer fulla utav stjärnstoft eller gånger tänjer på
de där siktdjupet för ett genomsynligt kynne
beståndsdelar och vilka tankar för rättfärdigandet när
skäl till likt en otämjd styrka vid sig själv när både så
som giltiga och när ogiltiga, kanske att bli
attraherad av nån krypterad längtan i kollision så som
kraftledningar ibland när sjunger, vind

TRAUMATISKT LEKFULLT

Kontaminering materia, organisk utlösningsfaktor för de
i väntan på oöppnade bilder, aktivera den horisontella
synranden och nakna fosterljud att kanske som ett helt
universum i passage av nervänder, hur allting vid sitt
element typ värdesätter till när lika dyrbart som att bli
ertappad vid ett existensberättigande
            mötet med det stora
djuprummet, en förutsättning för den omutliga tiden
när lika oförfalskat så som en vaggvisa genom en
livmoderhinna, ett svalt källvatten för innerliga törsten
sådant att gånger när inträffar att aldrig går fri från livet
Atmosfärer i kompromiss, ett rotsystem och inte ens
när mörkret stod emot, kunde bli påmind om
sådana komplexa stunder då sammanförda uti vingflykt
alternativt en förlorad kärlek, nånstans då nersvärtat
utav natt, en blank kropp när på väg ur gryningsdimma
en längtansfågel som vi matat genom våra revben
mot likt magnifika himlavalv, men mest frågor kring de
som gör oss så ofullkomlig, kanske inpräntat
            för gåtfullhetens skull
etc. bara en kemi, känsloyttringar för sådana som vi var

NATT OCH DAG I GROSSESS

Bebodda spegelskikt av själar, resultat händelserum
ytterst bara anledning, alternativt genomsyras av
allt annat än uteslutande en utmaning, en saknad
närhet till känslan, den djupa etern, gånger där
ensamheten fick sin egna våglängd, kanske neutral
släcker lampans sken och ingenting fick beröras
att egendomligt bara, hjärnan som agerat i sömnen
eller hur de vackra bröstens symmetri
passager där sker oavbrutet, all mängd och volym
laddat vid någons temperament, vilka
utav ofullständiga svar eller tron när spricker upp i
klartext, att bli träffad utav sinnenas höga vingar
såg hur gryningar av blåanlöpta berg och storslagna
stränder mot lysande havtorn, gånger återanvänder
kalkerat ur minnet, vidvinkeln vi använder till att
reflektera som ett språk långt efter vid eftersmaken
tillbakaseendet när en sländas vackert
glittrande vinge mot gråhetens spruckna trästock
en tanke när alltigenom rik eller nån rädsla för det
abrupta etc. när vi inte var någonstans, bara
kropp om kropp, en fördjupning av slags ömsesidigt
uttryck uti nätters lyster
och när vi avklädda sökte oss mot en gryning

LUSTELD

som till nymålade sinnesilder
sval i äppelblomman
och vid nyspunna händer
vinkar längtans nystärka
vitskjortor i vinden
och vid i doft av nattens vingslag
passerat
    gryningsglaset
nedbäddat mellan den smekta
tiden och de vackra andetagen

MERIADER

Kanske att vi bar på
smärtreceptorer
redan innan och kan
man
förstå
hungerkänslor ifall
aldrig
upplevt,
– en gång så hittade
jag en fågelvinge
den var så tyst
så tyst att mer som
uti en
annan frekvens
en punkt dit
vi återgår när på väg
nånstans och
när som en enda lång
obesvarad svarston

STATYN

Kvinnofigur i parken när bara
hon och jag bland alla löv
att hur likt uppstannat vid
en sorts närkontakt
en lyskraft där släpper fram
viss tydlighet, en
stund befriat sin fasta punkt
och som om hon
vidrörde mig
upphävde kylan av ensamhet

Innehållsförteckning